Le voyage du sac-à-cadeaux

N° 503 Le sac d'Yvette

Le voyage du sac-à-cadeaux

N° 503 Le sac d'Yvette

ChaDaNel Créations

Éditeur : BoD-Books on Demand
12-14 rond-point des Champs-Élysées, 75008 Paris
Impression : Books on Demand, Norderstedt, Allemagne

Illustration : photo de Rosalie Lowie

ISBN : 978-2-3221-7369-3
Dépôt légal : 04 2021

À ceux qui offrent

Sans rien attendre en retour,

À ceux qui savent recevoir,

Avec joie,

*J'offre à la vie un peu d'élixir de jeunesse,
quelques gouttes de candeur, trois pincées
d'ignorance, dix grammes de confiance et des
milliers de « Pourquoi ? »*

Dominique Van Cotthem

A la fin du livre « N° 144 Lucia »,
paru en 2020, une suite vous était
annoncée : la voici…

10 septembre, Jeanine chez Yvette

— Salut Jeanine, entre ! Mais, qu'est-ce que tu as apporté ? Ne me dis pas que tu as encore fait un gâteau au chocolat ?

— Si ! Je sais que tu adores ma recette et moi, j'adore te faire plaisir.

— Et tu sais aussi que toi et moi, enfin surtout moi...

Comme à chacune de nos rencontres, nous échangeons deux grosses bises et je débarrasse Jeanine de son plat.

— Mais oui, nous allons prendre un peu de poids, je sais, mais après, nous irons faire un petit tour, cela nous fera éliminer...

— Malheureusement, je ne résiste pas à un gâteau au chocolat... Merci quand même copine, tu es trop sympa. Bon, alors, est-ce que tu as vu, sur le blog, l'article concernant le nouveau voyage de ton sac ?

— De TON sac, tu veux dire ?

— Oui, de celui que tu as cousu pour moi.

— Non, tu me connais, la couture d'accord, mais internet, je ne peux pas. Mais je veux bien que tu me montres, j'ai hâte de voir ça.

— Viens t'installer avec moi à l'ordi.

Je dépose la pâtisserie sur le plan de travail de la cuisine et avance un siège, près du mien, pour que nous nous installions confortablement.

— Oh, tiens, j'ai un message de « Copains d'avant ». Déjà !

— « Copains d'avant » ? Qui c'est celui-là ?

— Il s'agit d'un site sur lequel je me suis inscrite hier pour retrouver mes amis d'enfance, d'école, etc… et j'ai déjà un message. Voyons…

Je suis très surprise en reconnaissant la personne qui s'affiche à l'écran. Curieuse, Jeanine s'approche un peu plus de l'ordinateur.

— Qui c'est ce mec ?

— Non, je n'y crois pas ! On dirait que c'est François, mon amoureux de terminale… oh comme c'est bizarre de le voir en photo, des années plus tard.

— Tu m'étonnes ! En terminale ? Tu ne l'as pas vu depuis au moins vingt ans.

— Vingt ? Tu veux dire trente !

— Il a l'air pas mal, hein ?

— Oui euh, voyons plutôt son message :

« Bonjour Yvette, je ne sais pas si vous vous souvenez de moi. Nous étions dans la même classe au lycée. Je viens de voir votre fiche sur le site, alors j'en profite pour vous demander de vos nouvelles. Est-ce que tout s'est bien passé pour vous après le bac ? Avez-vous fait une carrière dans l'informatique comme vous le souhaitiez ? À vous lire,
François »

— C'est renversant... je n'en reviens pas... Heureusement que je suis assise.

— Pourtant, si tu t'es abonnée, c'est bien pour retrouver d'anciens élèves ? Alors, tu devrais être ravie ?

— Oui, je suis contente, mais un message de François, si je m'attendais...

— Allez, on lui répond ?

— Oh là là, pas de panique. Je vais d'abord digérer la nouvelle et y réfléchir. À l'époque, même s'il ne s'était rien passé entre nous, nous étions très proches, très complices et puis, lorsqu'il est parti faire son service militaire, nous avons échangé quelques lettres.

Un peu gênée de confier soudainement tous ces vieux secrets à Jeanine, je baisse les yeux pour cacher mon sentiment de culpabilité.

— Quand j'ai rencontré Michel, j'ai dû arrêter d'écrire et cesser tout contact avec François, car il ne voyait pas cette correspondance d'un bon œil. Je n'ai plus jamais eu de ses nouvelles, mais j'ai souvent pensé à lui pendant toutes ces années. Je me suis dit parfois que la vie aurait été plus belle avec lui. C'est le destin. Michel ne doit plus s'en souvenir, mais il vaut mieux qu'il n'en sache rien.

— Cela m'étonnerait qu'il l'apprenne, il n'est jamais là !

— Oui et quand il est là, c'est devant sa télé. Je pourrais me promener nue dans la maison ou déguisée en licorne violette qu'il ne s'en apercevrait même pas.

— C'est vrai. La semaine dernière, il n'a même pas vu que j'étais là.

— Exactement, il n'y a que le foot et ses potes qui comptent. Bon, revenons à nos moutons ou plutôt, au blog du voyage du sac-à-cadeaux, un peu de sérieux les filles !

— Oui et avec toutes ces émotions, tu auras bien mérité une bonne part de gâteau.

12 septembre

Bonjour François,

Quelle surprise de recevoir ton message, je ne m'y attendais pas du tout. Je ne pensais pas que tu serais également sur ce site. C'est très sympa, je trouve, de pouvoir retrouver d'anciens camarades. Je me permets de te tutoyer, comme au lycée, si cela ne t'ennuie pas, car nous sommes les mêmes, avec trente et une années de plus, c'est tout. Cela ne nous rajeunit pas !

Pour répondre à tes questions, oui, tout s'est bien passé pour moi, depuis notre courte correspondance de l'époque. Comme je te l'avais annoncé dans ma dernière lettre, j'ai rencontré Michel, et nous nous sommes mariés quelques mois plus tard. Suite à sa mutation professionnelle, nous nous sommes installés dans le Lot-et-Garonne, et de ce fait, je n'ai pas poursuivi mes études comme je le souhaitais, mais l'informatique me passionne toujours. J'ai eu très vite un fils, Matt, que j'adore, et qui vit désormais en Australie. Il me manque beaucoup.

Et toi ? Es-tu devenu prof de maths comme tu le voulais ? Tu avais la passion des chiffres. Je me souviens que tu m'aidais pour les calculs, alors, que moi, je te donnais des idées pour les dissertations. Tu es marié ? Tu as des enfants ? J'ai vu sur ton profil que tu habites à Wimereux. Je suis aussi revenue dans le Pas-de-Calais depuis quelques mois, histoire de respirer l'air frais !

À te lire,

Yvette

Le soir même, un nouveau message de François.

Bonsoir Yvette,

Quelle joie de t'avoir retrouvée ici, c'est formidable, je ne m'imaginais pas que nous pourrions nous écrire à nouveau. Je me suis souvent demandé ce que tu devenais. J'espérais, en tous cas, que tu étais heureuse.

De mon côté, cela ne s'est pas vraiment passé selon les projets de notre jeunesse. Après de longues études en mathématiques, je me suis finalement dirigé vers les finances et j'ai fait une carrière dans la banque. J'ai été marié pendant quelques années, mais mon épouse s'est rendu compte, un jour, qu'elle préférait mon collègue de bureau. Nous avons divorcé et je voyais ma fille, Aurélie, un week-end sur deux, et pendant les vacances. Maintenant, « ma petite » vit sa propre vie au Québec, tranquille et épanouie. On dirait bien que nos enfants sont de véritables globe-trotteurs !

Depuis quelques mois, j'ai plein de nouveaux projets, si tu veux je te raconterai tout. Je te donne mon numéro de téléphone, tu pourras m'appeler si tu en as envie. Ce sera plus simple que d'écrire, même si les mails sont plus rapides que les courriers de notre jeunesse.

Prends bien soin de toi.
Bonne nuit.
François

15 septembre

— Allo, bonjour Yvette.

— Salut Jeanine, tu vas bien ?

— Oui, super ! Et toi ? Tu as appelé ton mec ? Raconte !

Je lève les yeux au ciel, toujours impressionnée par l'impatience et le franc-parler de mon amie.

— Premièrement, ce n'est pas du tout MON MEC, et non, je n'ai pas appelé François.

— Pourquoi ? Tu n'as rien à lui dire ?

— Ce n'est pas la question, mais c'est par rapport à Michel, c'est délicat. Je suis mariée, tu vois, et cela ne se fait pas…

— Un coup d'fil, je ne vois pas ce qu'il y a de mal. Ce n'est pas un rendez-vous à l'hôtel quand même !

— Hum, tu sais très bien ce que je veux dire, Jeanine. Selon les circonstances, cela pourrait être le début de la fin. Au lycée, nous étions vraiment très proches, un peu comme une histoire d'amour platonique.

— Le début de la fin ou alors le début du début ?

Jeanine est vraiment trop forte. En quelques mots, elle a le don de me mettre face à la réalité. Elle ose toujours dire tout haut, ce que je ne me permets même pas de penser tout bas.

— Écoute, Jeanine, je n'arrête pas d'y songer, je pèse le pour et le contre depuis trois jours, et je crois que c'est mieux pour tout le monde que je m'abstienne. Je lui enverrai un message en fin d'année pour lui présenter mes meilleurs vœux, et voilà.

— Bien, comme tu le sens. L'important, c'est que tu sois heureuse. Tu es heureuse ?

— Oui, sans doute, je ne sais pas, mais oui sûrement.

— On se voit ce week-end ? Tu veux que je te fasse un moka au café pour changer ?

— On se voit, oui bien sûr, mais autour d'un thé, tout simplement. Tu vas réussir à me transformer en grosse patate avec tes délicieuses pâtisseries. C'est OK pour un thé et c'est tout. Flûte, j'entends Michel qui m'appelle depuis le salon. C'est normal, il est l'heure de se mettre à table, il a faim, je file.

— D'accord Yvette, bonne soirée, bisous.

Le repas est déjà prêt. Pour notre santé à tous les deux, j'ai préparé une délicieuse salade composée, légère et vitaminée. Voilà qui va me faire du bien, et qui ne fera pas de mal à mon gentil mari.

— C'est prêt, à table !

Michel s'installe bruyamment. Je pose le plat au centre de la table et m'assieds en face de lui.

— Ah enfin, j'ai la dalle. T'as fait une entrée ? Un soir de semaine, en voilà une idée ?

— Euh, ce n'est pas l'entrée, c'est le plat principal en fait. Une délicieuse salade fraîcheur excellente pour la ligne.

— Tu rigoles ou quoi ? Tu n'as pas fait à manger ? Y a pas de viande ? Pas de pâtes ? Pas de frites ?

— Je pense à ta santé, c'est bien non ?

Il repousse son assiette d'un coup sec et se lève brusquement.

— Alors là je rêve ! Tu me prends pour une limace pour manger d'la salade ? Salut !

— Tu vas où ?

— Manger.

— Mais où ?

— Au bois du coucou !

Et voilà, il va encore me laisser seule.

— Pfff.

— J'vais chez Gérard, c'est meilleur.

« Paf ! » fait la porte qui claque derrière lui…

Je suis écœurée… Moi qui ai pris tout mon temps pour préparer une délicieuse composition avec des légumes frais… je suis verte. Me voici à pleurer au-dessus du saladier. Je n'aurais pas dû mettre de sel, du coup, ce n'était pas la peine. Enfin si, j'ai de la peine justement. Quoi que je fasse, Michel n'est jamais satisfait, mais partir ainsi, pour manger ailleurs, alors là, c'est le pompon. Il ne m'avait jamais fait une chose pareille.

— Ben vas-y, chez Gérard, si c'est meilleur ! T'as qu'à t'étouffer avec tes frites !

Pfff, je n'ai même plus faim. Quand je pense que, depuis trois jours, j'hésite à passer un malheureux petit coup de fil à un ami pour ne pas blesser ce sale type. C'est décidé, je l'appelle. Cinquième sonnerie. C'est son répondeur. Je raccroche. C'est un signe. S'il n'a pas décroché, cela signifie que je ne devais pas lui parler. Voilà, au moins c'est clair. Allez hop, je vais me coucher. « Ça ira mieux demain », comme chantait Annie Cordy.

Tout juste blottie sous la couette, j'entends mon portable sonner. Mince, c'est lui qui rappelle.

— Euh... Al... Allo…

— Oui, bonsoir, vous m'avez appelé il y a quelques minutes, de quoi s'agit-il, s'il vous plait ?

J'ai des palpitations, je ne sais plus quoi lui dire. Je sens le rouge me monter aux joues, je me lance d'une petite voix.

— Euh, c'était moi, Yvette, mais je ne voulais pas te déranger.

— Ah, Yvette, j'en étais sûr ! Je suis heureux que tu m'aies appelé, j'attendais ton coup de fil avec impatience. C'est dingue, je reconnais ta voix.

La sienne est un peu plus grave que lorsque nous étions encore adolescents et il semble sourire à l'autre bout du fil.

— Moi aussi, je te reconnais bien. C'est incroyable, après toutes ces années. Je suis désolée de t'avoir dérangé ce soir, tu étais sans doute occupé. Tu regardais le film du soir à la télé ?

— Impossible, la télé et moi, c'est fini ! Cela fait au moins trois ans que je ne l'ai pas allumée.

— C'est mon rêve ! Je ne supporte plus d'entendre ce fond sonore de foot et de pub dans la maison, tous les jours. J'apprécie beaucoup plus la musique ou même le silence.

— Tu m'étonnes, moi, c'est le silence que j'ai adopté.

Mon cœur bat de plus en plus vite. On dirait bien que nous sommes tous les deux sur la même longueur d'onde.

— C'est surprenant, car la plupart des gens ne peuvent pas se passer de la télé. Pourquoi as-tu pris cette décision ?

— Si tu as du temps devant toi, je peux te raconter, car il y a environ trois ans, j'ai eu un déclic, et j'ai décidé de procéder à un grand changement dans ma vie.

Je jette un œil au radio-réveil. Michel ne va pas rentrer avant au moins une heure. Voire même deux. Je m'installe confortablement en calant les deux oreillers derrière mon dos.

— Extra, je suis curieuse de t'entendre. J'ai tout mon temps et en plus, mon mari est sorti alors je suis seule à la maison. Dès qu'il rentre, par contre, je risque de raccrocher brutalement, car il pourrait se fâcher.

— Il est sorti sans toi ?

— Oui.

— Pas cool le mari.

— En fait, c'est ce que je croyais, mais en vérité, j'aime autant qu'il soit parti, au moins, j'ai la paix.

— Hum, pas top, si je peux t'aider à améliorer ta vie quotidienne avec ton mari, tu peux compter sur moi. Il suffit parfois de pas grand-chose : parler à une tierce personne, à un psy ou à un conseiller. Je peux aussi t'indiquer des livres qui font des miracles.

Je ne m'attendais pas à un tel soutien après autant d'années sans se parler. Comme quoi, l'amitié homme/femme peut vraiment exister.

— Oh je crois plutôt que c'est fichu. Mais je préfère t'écouter, ce sera plus agréable. Ton changement de vie, alors ?

— C'est après avoir regardé le film « Le cœur des hommes » que tout s'est déclenché. Tu connais ?

— Oui, je l'ai vu au cinéma, j'avais bien aimé.

— Grâce à la célèbre réplique de Manu, rôle joué par Jean-Pierre Darroussin « Mais qu'est-ce que je ferais, si j'étais moins c.. ? »

— Ah oui, je m'en souviens.

— Cette phrase a été pour moi une révélation. Je me suis posé la même question et j'ai commencé à chercher des réponses. Je vivais seul et je travaillais comme un fou à la banque. J'étais devenu un expert en placements boursiers et immobiliers. Cela m'a rapporté beaucoup d'argent que j'investissais encore et encore. Pourtant, je n'avais aucun but dans la vie pour dépenser cette petite fortune, à part quelques voyages au Canada pour voir ma fille.

— Tu es allé au Canada ? Quelle chance ! J'aurais adoré, surtout l'été. Je n'ai jamais rendu visite à mon fils, c'est si loin et mon mari refuse d'y aller. Il ne veut pas prendre l'avion.

— C'est dommage, en effet, un voyage en Australie, c'est une occasion à ne pas rater. J'espère quand même que tu iras un jour ?

Ça m'étonnerait que Michel change d'avis… Je soupire doucement, Matt me manque tellement.

— Je ne crois pas. Je vois régulièrement Matt grâce à Skype et j'attends qu'il revienne me voir en France. Il me faut patienter, car ce n'est pas prévu pour le moment. Mais continue ton récit, pardon, je t'ai interrompu.

— Je t'en prie. Ensuite, j'ai fait des recherches sur internet, en particulier dans le domaine du développement personnel, et j'ai lu plusieurs bouquins. Au lycée, de nous deux, c'était toi la passionnée de littérature.

J'écoute, très attentive, alors que quelques flashs de nos années lycée me reviennent. Il continue son récit.

— J'aurais dû m'y mettre plus tôt ! J'ai débuté par une découverte sur une brocante avec « Ne vous noyez pas dans un verre d'eau » de Richard Carlson, qui m'a beaucoup plu, et qui m'a appris, entre autres, à ne pas faire une montagne d'une taupinière.

— Cela fait bien longtemps que je n'ai pas eu le plaisir de chiner. On doit pouvoir trouver des tonnes de livres intéressants !

— Oh oui, tout à fait. J'adore ça. Dès qu'il y a un marché aux puces dans les parages, je vais y faire un tour. Puis, j'ai enchaîné avec « The Miracle Morning » de Hal Elrod, dont j'ai rapidement adopté les principes de base et ma motivation a repris le dessus.

— Tu as raison, la lecture, c'est vraiment un excellent moyen d'évasion. Comment ces lectures ont changé ta vie en réalité ?

— Eh bien, j'ai commencé par me lever un peu plus tôt, car lors des mois précédents, j'avais un mal de chien à me sortir du lit pour aller bosser. J'ai décidé de me mettre au sport, ne rigole pas, c'est vrai !

Le sourire aux lèvres, je ne peux m'empêcher de l'imaginer en tenue de sport dans une salle de musculation ou à courir dans les bois. Il n'était, à l'époque, pas très musclé.

— Tu avoueras que c'est drôle.

— Oui, mais non, on ne se moque pas. Je me lève donc chaque matin à 5 h 30, puis, après avoir fait de la méditation et mon planning du jour, vers 6 h je vais courir. Le sport me fait un bien fou, je ne peux plus m'en passer. J'ai un corps d'athlète, il faudrait que tu voies ça, alors que je m'étais bien empâté au fil des ans.

— Waouh c'est génial ! Et pour ta motivation au travail ?

— J'ai arrêté.

— Tu as arrêté de travailler ? Tu as démissionné ?

— Oui, enfin pas vraiment, pas encore. Disons que j'ai pris une année sabbatique, car je bosse en ce moment sur un projet personnel.

Ma curiosité est trop forte, j'ai envie d'en savoir davantage et de lui poser tout un tas de questions.

— Ah bon ? Mais dis-moi, il t'en arrive des choses !

— Oh oui, tu as encore du temps ? Je t'explique ?

— Oui, vas-y, je t'écoute, c'est passionnant.

— Je me suis lancé dans la rénovation d'un camion, pour le transformer en cellule d'habitation.

— Pourquoi un camion ? Pour le revendre ?

— Non, pas du tout.

— Alors, tu veux habiter dedans ?

— En quelque sorte, oui. Tu te souviens peut-être qu'à l'armée j'étais chauffeur ?

— Oui, tu me l'avais écrit. Tu avais pu obtenir cette place grâce aux maths, je crois.

— Oui, j'avais bien réussi les tests psychotechniques et ainsi, j'ai pu passer le permis poids lourd et être affecté comme chauffeur pour transporter les troupes et le matériel. C'était la planque.

— En effet, ça me revient.

Tout comme les souvenirs longtemps enfouis dans un coin de ma tête... et de mon cœur.

— J'ai fait beaucoup de recherches, surtout techniques, j'ai rallié des forums d'aventuriers bricoleurs pour avoir des infos, et j'ai tout de suite été enthousiasmé. J'ai dégoté une super occasion à rénover entièrement et en plus, un bon copain carrossier professionnel m'a beaucoup aidé, surtout au début, pour le gros œuvre. Tout à l'heure, lorsque tu m'as téléphoné, j'étais dans mon atelier, c'est pourquoi je n'ai pas entendu la sonnerie. J'étais en train d'installer le branchement pour le chauffage.

— Oh pardon, désolée.

— Ne t'inquiète pas, j'avais quasiment fini pour ce soir, car je me couche habituellement assez tôt. Cela fait partie de ma routine quotidienne.

Dehors, j'entends des bruits de freinage et de portière de voiture. Je reconnais forcément la discrétion et la délicatesse de mon mari. Michel est rentré bien plus tôt que je ne l'aurais souhaité. Dommage.

— Oups, j'entends la voiture. Le voilà qui rentre, je te laisse pour ce soir. On se rappelle un autre jour, d'accord ?

— OK, à bientôt Yvette, bonne nuit !

20 septembre, Yvette

Le Salon du livre de Wimereux ? Merci pour l'invitation, François, c'est sympa, mais je ne vois vraiment pas comment je pourrais y aller. En train ? Michel va se douter de quelque chose de louche. Il va se demander pourquoi je ne l'ai pas sollicité pour m'y conduire en voiture. Ce serait vraiment l'horreur. J'imagine qu'il m'attendrait dans l'auto, sur le parking, et qu'il me laisserait au maximum quinze minutes pour faire le tour de la foire, en enclenchant sa célèbre « chronomontre ». Même pas le temps d'acheter un seul bouquin.

Je ne peux pas non plus accepter la proposition de François de venir me chercher chez moi. Que diraient les voisins ?

Premièrement, voyons sur internet s'il est intéressant, ce salon :

45 écrivains seront présents, la marraine est Rosalie Lowie, célèbre auteure de Wimereux. Il est indiqué qu'elle a écrit plusieurs romans, dont « Quand bruissent les ailes des libellules ». Le titre me plait bien. Examinons la liste complète des auteurs. Je reconnais quelques noms, pour avoir vu leurs romans voyager dans des sacs-à-cadeaux : Denis Albot (N° 357 Travelling), Emilie Riger (N° 445 Le sac du Loiret), Christophe Vasse

(N° 289 Le sac gris), Dominique Van Cotthem (N° 149 De tout cœur), Marie-Stéphane Vaughien (N° 287 Le sac bleu). Oh je vois aussi qu'Emmanuel Prost sera présent. C'est vraiment extraordinaire. Il faut absolument que je le rencontre pour lui révéler l'anecdote du sac Lucia, dans lequel j'avais placé son livre et dont l'aventure avait vraiment failli mal tourner. Quelle affaire ! Le sac avait disparu et mon Michel était exaspéré. La sonnerie du téléphone me fait revenir sur terre. Ah, c'est Jeanine !

— Hello Jeanine !

— Salut Yvette, j'ai reçu un gros colis aujourd'hui, c'est Sophie qui m'a envoyé le sac n° 426. J'ai été drôlement bien gâtée. Je vais te lire la carte qu'elle m'a écrite.

« *Chère Jeanine,*

C'est avec beaucoup de joie que je t'envoie le sac de la Drôme. J'espère que tu apprécieras autant que moi le livre « Le rêve d'un fou ». J'ai glissé dans ce sac quelques surprises : un petit bracelet brésilien que j'ai pris plaisir à fabriquer ainsi que des chocolats que je me suis amusée à te faire. Je pourrai te donner la recette si tu le souhaites. J'ai glissé aussi des gourmandises et des petits accessoires pour bricoler. J'espère que tout va bien pour toi et que le contenu de ce sac va t'apporter du plaisir. Je te souhaite une bonne lecture, une bonne dégustation et surtout prends bien soin de toi.

Des gros bisous.

À bientôt. Sophie »

C'est chouette, hein ? Ses chocolats croustillants sont à tomber, si je ne mange pas tout, je t'en garderai.

— Hum bien sûr, merci. Elle est vraiment super gentille Sophie, toujours pleine d'attentions et de bienveillance.

— Oh je vois ça, je suis contente de faire sa connaissance grâce au sac. Je vais lui répondre par courrier. Je lui achèterai une jolie carte postale.

— Oui, c'est sympa.

— J'ai reçu une belle boîte en métal « Délicieux biscuits de Normandie », un bracelet que je porte déjà, les chocolats, des rubans, des boutons et des coupons de tissus. J'ai déjà des projets de créations.

— Waouh c'est super.

— Je m'étais inscrite pour nous deux, car tu voulais lire le livre de Nadine Monfils « Le rêve d'un fou », tu t'en rappelles ?

— Je m'en souviens, oui, le fou c'est le facteur cheval. Tu vas le lire ?

— Non, pas du tout, c'est pour toi. Je n'ai pas le temps de lire et j'ai déjà visité son château, il y a bien longtemps, lors de vacances dans cette belle région. C'est une construction vraiment étonnante.

— Ne m'en dis pas plus, s'il te plaît, je découvrirai son histoire en lisant le roman.

— Oui, d'accord, je te l'apporte après-demain.

— Super, tu peux venir dès le matin, nous passerons la journée ensemble.

— Génial, à plus, bisous.

Jeanine… Eurêka ! Oui, c'est une bonne idée, je peux proposer à Jeanine de m'emmener à Wimereux, depuis qu'elle me tanne pour que nous allions passer une journée « entre filles » sur la côte d'Opale. En plus, elle adore conduire. Ce ne sera pas tellement entre filles, même pas du tout, mais je peux toujours lui demander.

22 septembre, Jeanine chez Yvette

— Comme promis, je t'apporte le bouquin et les deux derniers chocolats. Pardon, j'ai fait la gourmande. Michel n'est pas là ?

— Non, devine, il est chez Gérard.

— Ils ne se quittent plus ces deux-là. Ton tendre époux ne serait-il pas devenu gay ?

— Je n'y avais pas pensé, cependant, ce serait une excellente nouvelle, surtout pour moi. Merci pour le roman et pour les deux rescapés. Je te fais un thé ?

— Oui, merci Yvette. Il faudrait que tu me dises aussi à qui je devrai envoyer le sac de la Drôme quand tu auras fini de lire le bouquin, car j'aimerais préparer les cadeaux.

Jeanine s'installe à la table de la cuisine pendant que je nous prépare un Earl Grey.

— D'accord, je vais écrire un mail à Nelly pour lui demander, mais avant ça, j'ai plein de trucs à te dire !

— Ah ? Alors, avec ton mec, pardon, « ton camarade de classe », quoi de neuf ?

— En fait, disons, que pour te dire la vérité, je crois, enfin, je pense…

— Oui, quoi ?

Je continue ma préparation au ralenti, hésitant à me confier. Mais, je sais que Jeanine ne dira rien à Michel, alors je me lance.

— On s'appelle tous les jours…

— TOUS LES JOURS ?

— Oui, je ne sais pas si je dois m'en réjouir ou avoir honte, je ne sais plus où j'en suis.

— En tous cas, je te trouve très souriante et même resplendissante.

— Merci beaucoup. Jeanine, ce n'est pas tout, j'ai un grand service à te demander.

— Oh oh, quel suspense !

— Tu sais, tu m'as souvent dit que tu aimerais aller passer une journée à la mer avec moi un de ces quatre.

— Oui, oui, je suis partante, surtout en ce début d'automne, hors saison.

Je dépose les mugs fumants sur la table et m'installe face à elle. Jeanine se retient pour ne pas me harceler de questions alors que je tourne autour du pot.

— Eh bien, c'est oui ! Le 10 octobre, si tu es disponible, bien sûr.

— Oui carrément dispo, pourquoi cette soudaine décision ? Et cette date précise ?

— François m'a invitée au Salon du livre de Wimereux.

— Au Salon du livre ? Ah mince, c'est nul. Je pensais plutôt à une balade sur la plage, à faire de belles photos, aller manger des moules au resto, faire les boutiques touristiques... Euh des bouquins, bof.

Jeanine vient de perdre son sourire. Je suis désolée de la décevoir autant, mais je me rattraperai dès que possible.

— Je me doutais bien de ta réaction. Voilà pourquoi c'est un service que je te demande. Tu vas être très déçue, car ma proposition est la suivante : j'aimerais que tu m'emmènes à Wimereux le matin, que tu me déposes au Salon du livre à 10 h et que tu viennes me rechercher vers 18 h. Pendant ce temps-là, tu pourras aller faire de magnifiques photos sur la plage... et du shopping.

— Tu abuses ma vieille !

— C'est bien ce que je pensais, j'exagère, tu peux dire non, je ne serai pas fâchée.

— Mais non, je rigole, c'est oui, j'accepte avec joie !

— Tu es sûre ? Tu ne vas pas t'ennuyer ?

— Archi-sûre, copine. Je ne m'ennuie jamais et j'en profiterai sûrement pour trouver une mercerie ou un magasin de tissus.

Jeanine me fait un grand sourire, claque sa tasse contre la mienne pour trinquer et conclure le marché. Je me rends compte à quel point j'ai la chance d'avoir une amie aussi précieuse.

— Merci Jeanine, tu es vraiment trop gentille !
— Ah l'amour…

25 septembre

Chère Nelly,

J'espère que tu vas bien. Comme elle n'a pas d'ordinateur, Jeanine m'a chargée de t'informer qu'elle a bien reçu le sac de la Drôme. Pour ce qui est de la distance, Sophie a noté 243 km sur la fiche. Peux-tu nous indiquer l'adresse de la personne suivante STP ?
Merci !
Bonne soirée
Bisous
Yvette

10 octobre, Jeanine & Yvette, Wimereux

— Il m'est arrivé un tas de choses, Yvette. J'ai passé une super journée, je suis vannée, je ne sens plus mes jambes. J'ai bien fait de mettre mes baskets parce que j'ai beaucoup marché. J'ai acheté du beau tissu, bien sûr, avec des motifs marins et aussi des biscuits artisanaux absolument divins. Tiens, ils sont là, sers-toi. J'en ai pris au chocolat spécialement pour toi. Tu as faim ? J'ai fait des photos sublimes, je te les montrerai à la maison : les falaises de la pointe aux Oies, la pointe de la Crèche, la plage à marée haute, à marée basse, les oiseaux, les coquillages, les galets, c'était superbe, j'ai aussi vu des villas magnifiques dans le village et une belle petite église, j'ai adoré ma visite. Il faudra que nous refassions tout ça ensemble, car c'était génial ! Tu ne veux pas de biscuits ? Ça ne va pas Yvette ? Qu'est-ce qui t'arrive ? Tu pleures ?

Je baisse la tête, les larmes aux yeux.

— N... non.
— Mais si. C'est François ? Tu l'as vu ?
— Oui.
— Oh j'oubliais François, c'est vrai ça, je m'emballe avec mes oies et mes galets, je ne pensais

plus à ton... enfin à tes bouquins. Vas-y raconte-moi. Ça va aller ? Tu veux m'en parler ? Attends, je vais me garer sur le prochain parking et nous pourrons causer tranquillement. De toute façon, je préfère m'arrêter parce qu'il y a un zozo hyper-pressé qui nous colle au derrière depuis le départ, on dirait qu'il veut monter dans le coffre, ça m'énerve. Ça ne t'énerve pas, toi ? Tiens, je vais t'offrir du spectacle, ça vaut le coup d'œil. Tourne le rétro vers toi, tu vas voir, attention, c'est du lourd !

Je fais pivoter le rétroviseur vers moi et j'aperçois alors la brute de conducteur de la voiture qui nous suit.

— Il est malade ?

— Ah ah je te l'avais dit, c'est du très lourd !

— Il me montre son poing ! Qu'est-ce qu'il est agité, on dirait qu'il va imploser.

— Oui, carrément, et tu as vu sa femme toute tassée dans son siège ?

— La pauvre, elle est toute recroquevillée et elle se bouche les oreilles. Il faut dire qu'il a l'air de crier très fort, pourtant tu roules à 80, c'est la limite maxi. Tu crois que si j'ouvre ma fenêtre, j'aurai le son ?

Je fais mine de chercher le bouton d'ouverture, pendant que mon amie continue à alimenter la conversation. Je crois qu'elle essaie de me remonter le moral. Elle est trop marrante.

— Sûrement. Monsieur ne supporte pas la limite maxi, on dirait. Tu sais, un jour, j'ai reçu deux PV dans la boîte aux lettres. J'ai cru que c'était pour mon mari et que le document était imprimé en double par erreur. Mais non, deux excès de vitesse à 55 et 56 km/heure au lieu de 50, relevés au même endroit à huit jours d'intervalle, et j'étais seule dans la voiture ces jours-là. Résultat : 180 euros à payer d'un coup ! J'étais déjà très prudente en voiture, maintenant je branche le limiteur automatique pour ne surtout pas dépasser la limite autorisée. 180 euros, tu te rends compte ? Bon, nous approchons de l'aire de repos, je vais déjà mettre mon clignotant pour que Monsieur le Zozo ait le temps de ralentir, sinon, il va nous foncer dedans.

— Tiens je te rends ton rétro, il vient de nous balancer un geste vulgaire, je ne veux plus le voir. Quel vilain !

— Allez, bye bye Zozo, bonne route ! Madame, nous sommes de tout cœur avec vous.

Le vilain accélère de plus belle en nous dépassant bruyamment. Jeanine s'arrête sur le parking.

— Ah ! Il klaxonne même pour nous dire au revoir.

— Pfff, nous voici débarrassées de cette glu, ouf ! Alors comment s'est passée ta journée ? Qu'est-ce qui te rend si triste ?

Je détache ma ceinture pour me tourner vers Jeanine qui fait de même.

— C'est François... comment te dire...
— Il t'a fait de la peine, il n'a pas été sympa ?

Je lève une main vers mon amie pour lui demander d'arrêter de me poser des questions.

— Laisse-moi parler si tu veux savoir...
— D'accord, je t'écoute.
— Il a été charmant, agréable, délicat, attentionné, doux, patient, généreux...
— En plus, il est beau gosse. Aurais-tu trouvé l'homme parfait ?
— En fait, le problème c'est qu'il me semble que nous nous sommes retrouvés exactement comme nous nous sommes quittés, comme si nous n'avions pas changé, seulement quelques rides et cheveux blancs en plus. Notre amitié et notre complicité sont restées incroyablement intactes.

Jeanine ouvre de grands yeux étonnés.

— Alors, pourquoi tu pleures ?

— Parce que je suis complètement perturbée. Je suis mariée avec Michel et j'ai l'impression que je ne pourrai plus me passer de François. Tu vois un peu la situation ?

— Oui, mais tu es sauvée car j'ai un scoop pour toi : le divorce a été inventé ! Tu as de la veine, c'est légal.

— Le divorce, tu me vois m'embarquer dans une telle affaire compliquée ?

À mon âge, ai-je vraiment envie de tout recommencer à zéro ?

— Compliquée ? Pas forcément, ça peut être très simple, au contraire, surtout sans enfant à la maison. Il faut juste que ça se passe de façon intelligente et sereine.

— Tu crois que Michel est capable de sérénité ? Enfin, bref, nous n'en sommes pas là, pour l'instant je me sens juste paumée.

— Oui, amoureuse, quoi ! Tu as acheté des bouquins quand même ?

Je ne sais pas si je suis amoureuse, mais je saute sur l'occasion pour changer de discussion et arrêter de cogiter.

— Oui, bien sûr et j'ai d'ailleurs un cadeau pour toi. Tiens !

— Ah bon ? Un livre pour moi ? Euh… C'est-à-dire…

— Oui, « Levons l'encre », ne t'inquiète pas, il ne s'agit pas du tout d'un long roman fastidieux impossible à finir. Ce sont des textes courts, agréables à lire, des anecdotes, des poèmes, et même des dessins, qui vont te faire voyager sans quitter ton canapé. Quand il pleut ou que tu es coincée chez toi, c'est bien non ? Quelques-uns des auteurs, les « Lectipotes » étaient présents, ils me l'ont assuré et t'ont même écrit une dédicace.

— OK, merci Yvette, je te promets de m'y mettre. On verra bien. Je vais tenter de faire honneur à ton cadeau.

— J'ai aussi rencontré de nombreux auteurs fabuleux ! J'ai pu relater mes exploits à Monsieur Prost, cette histoire de panneau l'a bien fait rire. J'en ai profité pour lui demander une dédicace de son roman « Un été 48 » que j'avais envie de lire depuis longtemps. Je pensais que je ne pourrais pas parler à la marraine du salon, Rosalie Lowie, car une immense file d'attente s'était formée devant son stand. Je croyais que François s'impatienterait, mais pas du tout. Il était même ravi d'attendre avec moi, on en a profité pour discuter longuement. Il est tellement différent de mon mari, qui, lui, ne serait même pas entré dans la salle avec moi, et m'aurait mis la pression pour que j'en ressorte aussi vite.

Je soupire doucement et me concentre pour ne plus penser à Michel. J'ai passé une excellente journée et c'est tout ce qui compte. Jeanine me regarde en souriant, je continue de tout lui raconter.

— J'ai fait la connaissance de plusieurs écrivains : Fanny Vandermeersch, Frank Leduc, Lorraine Fouchet, Elyssea Di Marco et Alain Fabre, charmants tous les cinq. J'ai pris des livres pour moi, et aussi pour offrir. J'aurai d'ailleurs un livre à te donner pour le prochain voyage du sac de la Drôme. Je l'ai fait dédicacer pour Corinne, qui est la prochaine sur la liste. Oh, ça me fait penser qu'il faut que je te donne son adresse, je l'ai reçue par mail. J'ai choisi pour elle : « Secrets de miel » de Fanny Vandermeersch.

— Génial, merci ! Je lui enverrai aussi un paquet de ces délicieux biscuits. Tu ne veux pas y goûter ?

— Pas pour l'instant, merci.

— Et c'est tout ?

— Non, ce n'est pas tout. Nous avons aussi profité de la présence des quatre auteurs du recueil « Quelques mots à vous dire » pour en faire signer un pour Aurélie et un pour Matt. Ainsi, ils auront le même cadeau, chacun sur leur continent. François a tenu à payer tous mes achats. En insistant, j'ai quand même réussi à lui offrir le livre de Frank Leduc « Le chaînon manquant ». Ce roman devrait le captiver. Et tu ne sais pas la meilleure ?

— Non, dis-moi.

— Lorsque nous avons déjeuné, François m'a même posé un tas de questions sur les sacs-à-cadeaux alors que Michel ne veut surtout pas en entendre parler. Il m'a demandé comment ce concept est né, au tout début, mais je n'ai pas su lui répondre. Il faudrait que je demande à Nelly.

— Oui, ça m'intéresse aussi de savoir comment cela a commencé. Tu me le diras, d'accord ?

Après quelques minutes à parler de nos journées respectives, Jeanine redémarre la voiture et me dépose chez moi, des souvenirs plein la tête.

11 octobre, François, Wimereux

D'aussi loin que je me souvienne, Yvette, je l'ai toujours eue dans la peau. Au lycée, dans la plupart des salles de classe, nous étions assis côte à côte, et je me suis immédiatement senti bien près d'elle. Elle me rassurait, m'étonnait, me rendait joyeux, me faisait rire, me confiait ses échecs et ses succès, ses peines et ses joies.

J'ai rêvé mille fois de l'embrasser, de lui caresser les cheveux, de la serrer contre moi, mais je n'ai pas osé. Rien que de lui toucher la main, j'étais électrisé, paralysé.

À la caserne, lorsque j'ai reçu sa dernière lettre me priant de ne plus jamais lui écrire ni la contacter, ce fut un grand choc pour moi. J'étais alors convaincu que nous passerions notre vie ensemble, une vie joyeuse et harmonieuse. J'avais fait tellement de plans sur la comète que je me suis laissé envahir par la déprime.

Pour tenter d'oublier, je me suis concentré à fond sur mes études. Je ne voyais même pas les autres filles. Depuis, je ne suis plus tombé amoureux, même si j'ai fini par me caser, pour faire comme tout le monde. Ma femme s'est vite aperçue que je n'éprouvais qu'une tendre amitié pour elle, et elle est partie, avec Christian et ma bénédiction, en succombant au grand amour. Je l'ai même enviée.

C'est à ce moment-là que je me suis inscrit sur « Copains d'avant » car pendant toutes ces années, je n'ai jamais cessé de penser à ma p'tite Vivy. La voici enfin revenue dans ma vie, aussi belle, douce et tendre que dans mes rêves.

Je suis terriblement déçu qu'elle n'ait pas rencontré un homme digne de sa gentillesse, quel gâchis ! Mais d'un autre côté, je n'ai pas envie de perturber sa vie et sa famille. J'espère de tout cœur que cette merveilleuse journée d'hier, cette parenthèse de bonheur, ne va pas se transformer en cauchemar pour elle, à son retour auprès de son mari. Je voulais simplement qu'elle sache que je suis là, si elle a besoin de moi, c'est tout. C'est ce que je lui ai dit, juste avant de la laisser partir hier soir.

« La laisser partir », pour la seconde fois…

20 octobre

Chère Nelly,
J'espère que tu vas bien. Jeanine vient d'expédier le sac de la Drôme à Corinne S. Elle a noté 944 km sur la fiche. Sinon, nous avons une question à te poser. Nous aimerions savoir comment t'est venue l'idée de créer les sacs-à-cadeaux ? À bientôt.
Bisous
Yvette

Message envoyé. Tiens, j'ai reçu un email de Bry41 avec en objet « Ton sac-à-cadeaux ».

Chère Yvette,
J'espère que tu vas bien. Je ne voulais pas te dévoiler la surprise, mais comme je n'ai pas de tes nouvelles, tant pis, je me permets de t'écrire. J'aimerais savoir si tu as bien reçu ton sac-à-cadeaux, le N° 503 « Le sac d'Yvette ». Je te l'ai expédié il y a une dizaine de jours. D'après le site de la poste, le colissimo a été livré chez toi le 13 octobre. Je préfère m'en assurer, car en cas de perte du colis, nous n'avons que deux semaines pour faire un dossier de réclamation auprès de la poste.
Merci d'avance pour ta réponse,
Gros bisous
Bry

Mince, non, je n'ai pas reçu de colis. J'espère qu'il n'est pas perdu. Je serais tellement contente de revoir « mon sac ». Je suis sûre qu'il y a une explication, comme toujours. Le facteur va bientôt passer, je vais en profiter pour l'interroger.

Chère Brigitte,

Je te remercie pour ton message, tu as bien fait de m'écrire !

La bonne nouvelle est que ton colis est bien arrivé chez moi, le facteur vient de me le confirmer. En fait, j'étais absente lors de livraison et comme le colis était gros, il n'a pas pu le déposer dans la boîte aux lettres, il a sonné et remis le paquet à mon mari. La moins bonne nouvelle est que mon époux ne m'a rien dit et ne m'a pas donné le colis. Pour l'instant, il n'est pas là, mais je vais fouiller la maison, et lui poser la question dès qu'il sera de retour. Il l'a sans doute rangé et a oublié de m'en parler. Je te tiens au courant, et je te remercie pour cette gentille surprise !

À très bientôt

Yvette

Comme d'habitude, Michel va rentrer tard, je vais continuer à mener l'enquête. Si c'est un gros colis, je devrais le trouver facilement dans notre petite maison.

21 octobre

Mes multiples recherches n'ont rien donné. Pas de paquet ni de sac-à-cadeaux en vue. Pas de Michel non plus d'ailleurs, il est rentré tellement tard, qu'il dort encore. J'espère qu'il ne va pas roupiller toute la matinée. J'ai besoin de l'interroger d'urgence.

Il est midi… Monsieur fait son apparition, tout chiffonné.

— Bonjour Michel, bien dormi ?
— Hum.
— Est-ce que tu as reçu un colis pendant mon absence, la semaine dernière ?

Michel s'installe à table et attend sans doute que je lui serve un café.

— Un colis ? Tu as commandé quelque chose sur internet ? Je peux avoir un café ?
— Non, c'est un cadeau qu'une amie m'a envoyé.
— Haha oui, je vois ! Encore ton truc de gonzesse qui nous a déjà bien enquiquinés - pour être poli. J'ai tout foutu à la poubelle.
— À la poubelle ? Mais non, tu n'as pas jeté mes cadeaux à la poubelle, c'est absurde, tu n'as pas fait ça ?

— Bien sûr que j'ai tout balancé, et sans hésiter une seconde. Je t'avais dit que je ne voulais plus jamais que tu te mêles de ces trucs-là. C'est d'l'arnaque. Je te l'ai interdit, j'avais pourtant été bien clair ?

Michel semble s'impatienter et commence à envisager qu'il n'aura pas de café servi par Madame. Pendant ce temps-là, j'ai un flash !

— Quel jour sommes-nous ? Ouf, c'est demain le ramassage des poubelles, le colis doit encore être dedans, j'y vais !

Il se lève brusquement, fait tomber sa chaise, rouge de colère.

— Quoi ? Tu vas fouiller les poubelles ? Tu rigoles ? Je te défends d'y aller !

— Désolée, Michel, j'y vais, tu ne vas pas me frapper, quand même ?

— Sois tranquille, je ne vais sûrement pas te cogner, ça me ferait mal d'aller en taule à cause de toi. Je m'en fous que tu ailles fouiller les poubelles, j'en ai marre de tes trucs de bonne femme, tu m'entends ? J'EN AI MARRE ! Marre de TES yaourts 0%, de TES salades, de TON ménage, de TON repassage, de TES livres, ras le bol de devoir mettre mes chaussons en rentrant, j'en ai assez de me cacher pour boire une bière ou manger la peau roussie du poulet, de devoir baisser le son de la télé quand Madame a une migraine épouvantable et va se coucher, j'en ai ras le bol d'internet, de TES copines, de TES colis, j'en ai marre de TOI ! Toujours en train de te plaindre, de jacasser, de pleurer, tu me fatigues.

Michel ramasse sa chaise, avec agressivité. Je lui lance un regard qui évoque plus la pitié que la peur. Je ne dis pas un mot. Je préfère ne pas répondre, je veux seulement récupérer mon paquet.

— Alors, j'me casse, comme ça je ne te verrai pas la tête plongée dans la poubelle ! Tu me fais honte ! Salut.

« Paf ! » refait la porte qui claque...

Chère Brigitte,
Tout va bien, j'ai récupéré ton colis. C'est en effet mon mari qui avait oublié de me le donner. Tu m'as trop bien gâtée : le coussin-cœur orné de dentelle et le pochon sont magnifiques. Tout me plaît, demain je ferai une photo du sac avec tous tes cadeaux et je l'enverrai à Nelly pour le blog.
Merci beaucoup, Brigitte, je t'embrasse.
Yvette

22 octobre

— Allo, Jeanine ?

— Salut Yvette, ça va ?

— Non, rien de va plus. Michel est parti hier en claquant la porte, il a crié qu'il en avait marre de moi, et il n'est pas encore revenu.

— Cool… euh… mince… Tu te fais de la bile pour lui ?

Est-ce que je m'en fais pour lui ? Assurément, non ! Je suis surtout dégoûtée par son comportement.

— Non, pas du tout, mais c'était chaud. Il m'a fait une colère comme jamais. D'habitude, j'aurais pleuré toutes les larmes de mon corps mais il semble que son absence me soulage. Je savais bien qu'il ne m'aimait plus beaucoup, mais maintenant, on dirait qu'il me déteste. C'est à cause du sac d'Yvette.

— Celui que j'ai cousu pour toi ? Sérieux ?

— Oui, je l'ai reçu, ça m'a fait plaisir de le retrouver. C'est Bry41 qui m'a fait la surprise, avec plein de beaux cadeaux.

— Oh vas-y raconte, qu'est-ce que tu as reçu ?

— Bry est une couturière très douée, comme toi, alors elle m'a cousu un magnifique coussin-cœur avec de la dentelle et un joli pochon rose assorti. Elle m'a aussi offert un roman que je n'ai pas encore lu. C'est *Nérina* d'Amandine Mollo. Il devrait bien me plaire. Elle a ajouté un paquet de biscuits à la noisette et un très beau carnet.

— C'est chouette, mais quel est le rapport avec Michel ? Il n'aime pas les noisettes ?

— Tu sais bien, ce sont les sacs-à-cadeaux qu'il ne supporte pas. C'est lui qui a réceptionné le paquet la semaine dernière et il l'avait directement mis à la poubelle. Tu le crois, ça ?

— Non, il n'a pas fait ça ? Il est dingue ?

— Il est furieux. Gros coup de bol, la poubelle n'avait pas encore été ramassée. Depuis que je me suis organisée pour réduire les déchets au maximum, il est inutile de la sortir chaque semaine. J'ai bien cru que c'était le retour du délire du sac 144. Mais, cette fois-ci, tout s'est bien passé, enfin, pour le sac, mais pas pour Michel et moi.

— Tu en as parlé à François ?

Décidément, elle ne perd pas le nord, ce qui me fait sourire malgré la gravité de la situation.

— Pas encore, je dois l'appeler demain. Je vais d'ailleurs pouvoir lui expliquer l'origine des sacs-à-cadeaux car Nelly m'a répondu.

— Moi aussi, j'aimerais bien savoir, alors ?

— Attends, j'ouvre son email et je te lis sa réponse :

« Cette idée m'est venue fin juin 2011, d'un cadeau offert à la maîtresse de l'école maternelle : une boîte à mouchoirs en cartonnage, en forme d'école. Pour que ma fille puisse la transporter facilement jusqu'à sa classe, j'ai cousu un sac assorti. J'ai pensé que la maîtresse pourrait ensuite réutiliser ce sac en tissu pour offrir un cadeau à quelqu'un d'autre.

Et là, l'idée est arrivée : coudre un sac et le faire voyager de cadeau en cadeau. Pour le suivre, une fiche cartonnée, glissée dans une poche, et aussi un blog pour être contactée facilement par les différents destinataires.

J'ai donc brodé et cousu « Le sac-à-cadeaux », je l'ai utilisé pour offrir un cadeau à Cécile. C'est le N° 1. Puis, j'en ai fait trois autres dans la foulée… et des dizaines d'autres. Ensuite, d'autres couturières volontaires en ont fait aussi. Voilà comment plus de 400 sacs ont déjà pris la route.

Voilà, tu sais tout !

Bonne journée,

Nelly

PS : Finalement, la maîtresse a choisi d'utiliser le sac comme outil pédagogique. Elle l'a nommé « le sac magique ». Elle y place des objets que les enfants doivent deviner en posant des questions.

— Ah d'accord, merci, c'est super. Je me demande combien de couturières ont participé à la confection des sacs-à-cadeaux. Tu le sais, toi ?

— Non, je l'ignore, mais si tu veux, je pourrai lui demander demain, car je vais lui envoyer un mail avec la photo de mes cadeaux. Je devais le faire ce soir, mais tout ce dont j'ai envie c'est de prendre une douche et d'aller me coucher avec mon bouquin.

— Ça marche ! Au fait, si tu te sens seule, si tu as besoin de parler ou si Michel s'emporte, tu peux compter sur moi. Tu m'appelles ou tu viens chez moi, tu peux même dormir dans la chambre d'amis, comme tu veux, d'accord ?

Dans ma tête, rien n'est vraiment clair. Je me pose un millier de questions. Est-ce que j'aime encore Michel ? Est-ce qu'il va revenir à la maison ?

— Je pense que ça ira, mais je te remercie beaucoup pour ton aide, Jeanine. Si tout va bien, on se voit la semaine prochaine, comme prévu. Je te souhaite une bonne soirée.

— À plus, Yvette, tiens bon !

23 octobre

Chère Nelly,

Merci pour ton mail et l'explication. C'est vraiment une histoire étonnante. Je l'ai lue à Jeanine, qui m'a posé une nouvelle question. Cette fois-ci, elle aimerait savoir combien de couturières ont confectionné des sacs-à-cadeaux. Si tu ne peux pas trouver l'information facilement, pas de souci, laisse tomber, c'est juste de la curiosité de sa part (et de la mienne aussi).

J'ai une bonne nouvelle à t'annoncer. Je viens de recevoir « mon sac », le sac d'Yvette N° 503. C'est Bry qui m'a envoyé tous les super cadeaux que tu peux voir sur la photo ci-jointe. Sur la fiche, elle a noté 433 km. Je n'ai pas encore d'idée pour le prochain voyage, mais je te tiendrai au courant.

Je te souhaite une bonne journée
Bises
Yvette

24 octobre

Bonjour Yvette,
Merci pour les infos concernant le voyage du sac 503.
Bry a vraiment un don pour coudre de très jolis
ouvrages, avec des dentelles anciennes, c'est superbe.
Alors, combien de couturières ont confectionné des
sacs-à-cadeaux ? Je peux te dire ça. Je n'ai jamais
compté et j'aimerais bien le savoir aussi. Je vais faire la
liste ici. Voyons...

Léa, Marikafée, Marquise LV, Virginie DS, Marraine, Marie-Hélène, Miss Chadanel, Maryse, Tricrochette, Nellymat, Clauderose, Scarole, Br, Gabikam, Jacqueline, Joëlle, Alice, Françoise G, Leeloo, Mamieblue, Violette, Dodo, Florinours, Caro, Delfine, Gege, Christine, Gil, Kareen, Cathy, Céline-Emmanuelle, Jauke, Danielle C, Mafalda, Marief, Annie P, Florence V, Marie B, Madeleine, Paola, Karine P, Linda, Carole B, Chatou61, Jade, Qinoa, Mamie Jacqueline, Val, Sylvie, Bry41, Coline, Laurie, Flo123, Colette M, Annie, LesbricolesdeVal, Corinne S, Sensa, Monique LC, Martine B, Viviane D, Cécile D, Carene P, Juliette F, Cécile C, Lydia M, Mychèle T, Erika, MamieBulles, Mamie Martine, Delphine M, Stacy, Christine, Eve B, Elisabeth B, Valérie N, Priscilla E, Séve Rine et moi.

Cela fait un total de 79 personnes, en plus de Jeanine donc 80 ! Je ne me rendais pas compte que nous étions aussi nombreuses, c'est formidable.

À bientôt, Yvette, pour le prochain voyage de ton sac !

Nelly

PS : Tu m'as donné une idée : je vais publier sur le blog la liste de tous les participants au voyage-du-sac-à-cadeaux depuis le début jusqu'à ce jour, pour les remercier. Il va me falloir quelques jours pour la préparer, mais je m'y mets dès demain.

2 Novembre, Yvette à bord du TER

Cela fait bien longtemps que je n'avais pas pris le train, en particulier toute seule. Avec internet, plus besoin d'aller au guichet de la gare pour acheter son billet. Est-ce mieux ou moins bien ? C'est ainsi. Il faut vivre avec son temps.

J'ai l'impression d'être une ado qui se rend à un rendez-vous amoureux. Plus on approche de Wimereux, plus je sens le rythme de mon cœur s'accélérer. Quelques semaines auparavant, j'étais persuadée que je ne pourrais jamais rendre visite à François. C'était franchement inimaginable. Finalement, Michel ne fait que de brèves apparitions à la maison, pour son linge. Il dit qu'il ne me supporte plus, qu'il veut revenir à l'essentiel : ses potes, Gérard, le foot, le sport, la télé, les « bons » repas, il s'est même incrusté dans un club de tennis de table et de tir à l'arc.

Je n'avais jamais envisagé le divorce jusqu'à présent. Je pensais que ma vie était toute tracée aux côtés de Michel, que je ne serais plus jamais amoureuse. La vie réserve bien des surprises...

5 Novembre, Jeanine chez Yvette

— Alors, raconte !

— Bonjour Jeanine, comment ça va ?

— Oh toi, ça va en tous cas, avec cette mine réjouie, tu ne peux pas le cacher ! Mais il y a eu du changement ici, on dirait qu'il manque quelque chose ?

Elle fait une entrée fracassante et met en marche son scanner en mode panoramique à la recherche du fameux changement.

— Ton écran géant, il a disparu ?

— Il est parti chez Gérard.

— Michel ou l'écran ?

— Les deux !

— C'est bien, c'est plus calme, je trouve. Et chez François, c'était bien ?

— J'ai visité son atelier et le camion qu'il est en train de construire, c'est absolument génial ! Très impressionnant.

— Il est comment ce camion ? C'est comme un camping-car ? Tu as fait des photos ?

Jeanine s'assoit sur le canapé pendant que je lui prépare un café.

— En fait, c'est comme un vrai gros camion, tout blanc, avec la cabine de pilotage séparée et des roues énormes, mais à la place de la remorque, c'est une grande cabine d'habitation. Un peu comme si tu posais une caravane sur un camion, tu vois ? Avec tout le confort moderne, un système d'énergie solaire, l'eau chaude, le double vitrage, le chauffage, la cuisine, une petite salle de bain, des toilettes, la chambre, tout quoi !

— Une seule chambre ?

— Bien sûr, il sera tout seul à y habiter et à voyager. Enfin, peut-être…

Je me sens rougir à cette pensée. Avoir passé autant de temps avec François m'a fait comprendre beaucoup de choses sur ce que je voulais vraiment et je suis ravie de me confier à mon amie.

— Comment ça « peut-être » ?

— Il m'a proposé de l'accompagner.

— Déjà ? Mais pour aller où ? Tu pars quand ?

— Calme-toi, Jeanine, je ne pars pas pour l'instant. Nous nous sommes revus seulement deux fois et François n'a pas encore tout terminé. Il reste encore des appareils à installer, des finitions et ensuite il devra passer un contrôle technique pour prouver que tout est aux normes et ainsi avoir l'autorisation de rouler. Cela va lui prendre encore quelques mois. Et je ne t'ai pas dit le plus incroyable ?

Plus souriante que jamais, je m'amuse à solliciter l'infatigable curiosité de Jeanine. Je pose nos deux tasses sur la table de salon.

— Laisse-moi deviner ? Il y a même une télé !

— Perdu, non, justement pas de télé, il n'aime pas ça. Il s'agit de quelque chose de mieux et de plus utile.

— Mieux et utile ? Facile ! Une machine à coudre.

— Encore perdu.

— Je sèche.

— Une voiture !

— Quoi ? Comment ça ? Sur le toit, en double étage ?

— Non, dans le coffre ! En fait, l'arrière du camion s'ouvre grâce à un hayon, tout spécialement prévu pour y garer une mini-voiture. C'est une petite auto blanche et noire, toute mignonne, sans permis, dont il se servira pour ses petits déplacements locaux. C'est vraiment incroyable, il faudra que tu voies ça.

— Et ce sera pour aller où ce véhicule magique ? Dans un camping ?

— Non pas du tout. Son projet est de sillonner toute la France. Il a fait une étude sur les lieux où il voudrait absolument aller, pour diverses raisons, et il a établi un parcours et un planning de base, qu'il pourra modifier au fur et à mesure de ce qu'il découvre. Il a prévu son départ le 13 janvier. Si tu veux savoir pourquoi cette date précise, tu n'as qu'à consulter un calendrier, et comme moi, tu diras « waouh » !

Jeanine se lève d'un bond et attrape le calendrier posé sur le bureau. Je ne peux m'arrêter de parler tellement je suis excitée par ces nouveaux projets.

— Son but final est de trouver un endroit pour s'y installer définitivement : un village pour lequel il aurait un gros coup de cœur, ou des contacts qui lui proposent une mission, ou une association qui a besoin de son aide. Il a plein d'idées, l'embarras du choix. Il m'a même demandé où j'aimerais aller !

— Waouh ! Ce choix de date, comme c'est romantique. Qu'as-tu répondu ?

— J'étais un peu prise au dépourvu, mais la première idée que j'ai eue, c'est de rendre visite aux « copines de sac » avec qui j'ai des liens depuis plusieurs années : Sophie, Clauderose, Alice, Marikafée, Marraine, Corinne, Giboulée, Bry, Sabine PP, Lucia etc... Je reconnaitrai sûrement d'autres noms dans la liste que Nelly va bientôt publier sur son blog. François a tout de suite adhéré, c'est incroyable.

— Et sinon, c'était comment ces deux jours à la mer, sans moi ?

Elle prend un air faussement vexé, qui me fait bien marrer.

— Merveilleux.

— Oui, je me doute, merci, mais à part le camion ?

— François est un homme tellement gentil, attentionné, galant, tendre, j'avais l'impression de rêver. Je ne suis pas rentrée en train, il a tenu à me ramener en voiture. Au moins, ça a fait un peu de spectacle pour les voisins.

— C'est la première fois que je te vois aussi lumineuse, ça me fait vraiment plaisir.

Et avec un peu de recul, j'avoue que je n'avais plus ressenti un tel bonheur depuis bien longtemps maintenant. Je bois une gorgée de café et me remémore ces derniers jours.

— Merci Jeanine, en plus, grâce au passage à l'heure d'hiver, nous avons eu une heure de plus à passer ensemble.

— Oh si tu en es là, ma vieille, je peux te dire que ton cas est grave.

Elle rit et je ne peux m'empêcher de la suivre, riant à mon tour.

— Carrément ! Je ne sais pas de quoi est fait l'avenir, mais y a du changement dans l'air.

— Dis-moi, est-ce qu'il y a du nouveau sur le blog des sacs-à-cadeaux ?

— Hum, tu commences à être accro à internet, et tant mieux, car si je pars, nous pourrons communiquer plus facilement, je pourrai même t'envoyer des photos.

— Tu as raison, mon chéri a prévu de m'offrir un ordinateur pour Noël.

Ah ! Enfin, Jeanine va se mettre à l'informatique. Je vais l'aider de mon mieux afin que l'on puisse continuer à communiquer dans tous les cas.

Je m'installe devant mon bureau et Jeanine me rejoint.

— Excellent ! Viens, je te remontre comment faire pour t'abonner au blog. Regarde, Nelly a publié la liste de tous les participants, nous devrions y trouver nos prénoms.

Bonjour à toutes & tous,

Suite à une question de Jeanine, à propos du nombre de personnes ayant déjà cousu un sac-à-cadeaux, j'ai eu envie de remercier, en les nommant ci-dessous, les 857 participants ayant, à ce jour, reçu, donné ou envoyé un sac-à-cadeaux.
Merci beaucoup à vous tous d'avoir participé avec autant de gentillesse et d'enthousiasme.
Merci, en particulier à :

Abigail, Acrolaine, Adèle, Adeline, Agnès, Agnès T, Albine, Alexandra, Alexandre, Alexia, Alexis, Alicia, Alice47, Alice P, Aline M, Aline T, Alix, Amandine, Ambre, Amélia, Amélie, Amélie59, Ana, Anaïs O, Ange Kataline, Angélique, Anik, Anne, Anne-Laure, Anne-Marie, Anne-Marie C, Anne-Noëlle, Anne-Sophie, Annette, Annick, Annie, AnnieBretagme22, Annie P, Antoinette, Apolline, Arlette, Armelle, Arm Laur, Arnaud, AtelierDeSteffy, Aude-Hélène, Audrey, Audrey B, Augustin, Aurélia, Aurélie N, Aurélie T, Aurelily, Aurore, Aurore L, Aurore T, Ba95, Barbamama, Barbara, Basile, Baya Isa, Béa, Béatrice, Béatrice B, Béatrice C, Béatrice L, Béatrice P, Bénédicte, Benjamin, Benoît, Bérangère J, Bernadette D, Bibiedel, Bigbibi, Birgitta, Blandine, Bleue 27, Boni, Bougnatnature, BountyJuju, Br, Bridget, Brie, Brigitte, Brigitte W, Bruno, Bry41, Bullesdanslevent, Calou, Camille, Candide, Capucine, Carène, Carine L, Carinne, Carla, Carmen, Cathy, Caro, Carole B, Carole H, CaroleF, Carole N, Caroline D, Caroline F, Caroline M, Caroline S, CartonMarie, Cath, Catherine, Catherine A, Catherine B, **Catherine C**,

Catherine G, Catherine J, Catherine O, Catherine R, Catherine77, Cathou, Cathow, Cathy, Cathy G, Cathy R, Cathy S, Cattt, Ca Yole, Cécile, Cécile C, Cécile D, Cécile R, Cédric, Célia, Céline, Céline D, Céline-Emmanuelle, Céline F, Céline M, Céline P, Cémaline, Cerise, Chantal, Chantal B, Chantal L, Chantal LC, Chantal M, Chantal O, Chantal R, Chantal S, Charlène, Charlène L, Charlotte, Charlotte P, Chatou61, Chipounettenet, Chloé, Chloé&Francis, ChocolatCanelle, Chris, Chris Lou, Chris P, Christel, Christèle T, Christelle A, Christelle D, Christelle DP, Christelle P, Christiane, Christiane R, Christine, Christine22, Christine C, Christine D, Christine E, Christine G, Christine K, Christine T, Christine VV, Christophe, Christouflette, Chris Yolé, Cindy, Claire, Claire Avoinette, Clair Ette, Claire P, Claire Z, Clauderose, Claudie, Claudie C, Claudine, Clémentine, Clothilde, Cmoica, Coco, Coco&Lorna, Cœur De Bébé, Colette, Constance T, Coquelicot, Coralie, Corentin, Corinne, Corinne F, Corinne L, Corinne S, Corinne V, Creagil, Cynthia, Cyrielle, Daielle, Dalinele, Dame Claudine, Dame Valiste, Danaou, Daniel, Danièle B, Danièle R, Danielle, Danielle C, Daphné, Debora, Déborah, Delfine, Delf Lgd, Delphine, Delphine D, Delphine L, Delphine M, Delphine R, Denis, Denise, Didier, Disou, Djamila, Dodo d'Hallatte, Do Mamido, Dominique, Dominique VC, Domy, Doodie, Doris, Dorothée, Dot, Dring, Eddy, Edwige, Elisa, Elisabeth, Elisabeth F, Elmire, Elodie, Elodie ES, Elodie J, Elodie M, Eloïse, Elora, Elsa, Elyssea, Emilie N, Emilie R, Emilie RH, Emi Matna, Emma, Emmanuel, Enora, Eric, Erika, Estelle, Eva, Eve B, Eve P, Evelyne, Evelyne D, EvelyneDu17, Fabienne, Fabienne M, Fabienne P, Fabienne V, Faby, Fatiha, FéeClochetteTricote, Félicien, Fidji, Fil de Faire, Filv74, Fiore, Flo, Flora, Flore,

Florence, Florence Flx, Florence R, Floriane F, Florinours, Francès, Françoise, Françoise B, Françoise DF, Françoise F, Françoise G, Françoise N, Frédérique, Fredoune, Frieda, Gabikam, Gabrielle P, Gaby Anne, Gaëlle, Gannie33, Gege, Geneviève, Géraldine, Giboulée50, Gil, Gilberte, Gilles, Ginie, Gisèle, Giselle, Gislaine, Glaydys, Gloria, Godleine, Grinessa, Guemalde, Hélène, Honorine, Hugo, Huguette, Iaorananou, Ichamael, Illusion, Ingeborg, Ingrid, Irène, Iris, Irisle, Isa, Isa78, Isa V, Isabel, Isabella, Isabelle, Isabelle C, Isabelle D, Isabelle J, Isabelle M, Isabelle P, Isabelle T, Iza D, Jac, Jacques, Jacqueline S, Jade, Jauke, Jean, Jeanine, Jeanne, Jean-Claude, Jean-Paul, Jean-Pierre, Jennifer, Jessica H, Jessica Mer, Jo, Joceline R, Jocelyne N, Jocelyne S, Jody15, Joe, Joëlle, Joëlle Fleur Bleue, Joëlle C, Joëlle F, Joëlle G, Joëlle H, Joëlle M, Johaur, Jojo, Jolyplume, JosianeDePicardie, José, Josiane, Josy, Julie L, Julien, Julie S, Juliette, Justine B, Kankatkou, Kareen, Karen, Karine, Karine B, Karine J, Karine L, Karine N, Karine P, Kat, Katoen17, Katy, Katy Minie, Khofra, Kinna, Kitt, Klim04, Kora, Korri Coc, Kris, Lady Pelaguy, Laëtitia, Laëtitia M, Laëtitia S, LaFéeLinotte, La Grenouille, Lallou, La Matelote, La Nonna, Laouen, Lara, Laramicelle, Lavandine, Laure, Laurence, Laurence0810, Laurence B, LaurenceDu13, Laurence H, Laurence R, Laurence V, Laurent P, Laurent Z, Laurie, Léa, Léane, LeBazarDeVal, Leelou, LesBricolesDeVal, LesPoupéesDeReinette, Les4Bretzels, Less Lion, Libellule, Lilas, Lili, Liliane, Lilousa, Lily, Lily Clrf, Linda, Linda DS, Lisa, Lise C, Lisiane, Lola44, Lolo, Lorraine, Loudomino, Louisa, Louise, Loulou, Louloute R, Louloute&Titou, Lygane, Lucas, Lucia, Lucile, Lucille, Ludivine, Ludo, Lydia, Lysette, Lyoko, Madeleine O, Madeleine P, Madynla, Mae Alex, Maelivia, Maëlle, Maëlys, Mafalda, Magali, Magali N, Magaliféérie,

Maïana, Maïc, Malika, Maly, MaMélie, Mamido, Mamieblue59 , MamieCocoTricote, Mamie Jacqueline, Mamie Martine, Mamoune57, Mamyrose, Mandine, Manon, Manon Go, Manon Gr, Manou60, Manoue, Mara29, Marcel, Margotte, Marguerite Chiffons, Maria, Mariclode, Marie, Marie-Ange, Marie-Annick, Marie A, Marie B, Marie-Claude, Marie Crt, Marie CV, Marie-Edith, Marief, Marie-France, Marie-Françoise, Marie-Hélène, Marie-Isabelle, Marie-Jeanne, Marie-Jo, MarieLine, Marie-Laure, Marie L, Marie LN, Marie-Paule, Marie-Pierre, Marie Poupées, Marie-Stéphane, Marie-Thérèse, Marikafée, Marina G, Marina Sarah, Marine L, Marion, Marion O, Marjorie B, Marjorie DM, Marjorie M, Marraine, MarquiseLaVache, Martine, Martine12, Martine58, Martine B, Martine D, Martine S, Marwena, Marylène O, Maryline, Maryline G, Maryse, Matt, Maxime, Maud, Mauricette, MB2, Meganne, Mélanie, Melina, Mélina M, Mélissa B, Mélissa L, Mémé Suzanne, Micha, Michaela, Michel, Michèle B, Michèle P, Micheline, Michelle, Mikalie, Mimi, Mimy, Minimum, Minouche, Mirabelle73, Mireille B, Mireille N, Mirou, Miss Abiénor, Miss Calamity, Miss Capfrehel, Miss Célébi, Miss Chadanel, Miss Chat, Miss Ingals, Miss Mangabelle, Miss Musique, Miss Nastique, Miss Petite Montagne, Miss Plumette, Mister Tonnante, MmeM, MmeP, Moha, Mohican, Monique, Monique B, Monique LC, Monique ME, Morgane, Mumu Bouquin, Mumu Pimpin, Muriel, Mychèle T, Mylène, Myriam, Myriam V, Mystique, Nadège B, Nadège L, Nadège P, Nadette 21, Nadia, Nadine C, Nadine L, Nadine M, Nadine S, Nanne Xing, Nanou, Nanoupatch, Natalie, Natalie P, Natacha, Nathalie, Nathalie B, Nathalie C, Nathalie D, Nathalie H, Nathalie J, Nathalie L, Nathalie R, Nathalie S, Nathecréative,

Natherip, Nat et sa tribu, Nath Havana, Natyf, Nausicaa, Nehlig, Nel, Nelle, Nelly, Nelly G, Nellymat, Nicolas, Nicole, Nievelbanca, Nina, Niunia, Noëlle, Noémie, Noralice, Norine, Not Parisienne, Nounoumade, Odile, Odile T, Oksana, Olga, Olivier, Ophélie, Panpanette, Paola M, Pascale, Patchouli, Patounette, Patrice, Patricia, Patricia B, Patricia C, Patricia L, Patricia R, Patricia S, Patricia V, Patty, Paule, Paulette, Pauline, Peggy S, Peggys116, Petit Lutin, Philippe, Pierre-Antoine, Pierre, Pierrette, Piketkol, Pilarcita, Piloo, Pomme, Poupmarele, Priscilla, Pulsarbleue, Qinoa, Quaquie, 4'in, Rachel, Ramisa, Raquel, Raymonde, Rébecca, Régine, Régine T, Renault, Richard, Ririne, Rolande, Romi Nah, Rosa, Rosa C, Rosalie, Rose, Roseline G, Roselyne, Roudoudou, Rozenn, Sabine, Sabine PP, Sabrina, Sachiko, Sable Turquoise, Sabrina, Sabrina B, Saltikiss, Samiramira, Sand48, Sander, Sandra, Sandrine, Sandrine DS, Sandrine M, Sandrine V, Sandycroche, Sapho, Sara, Sarah, Sarah B, Sarah Nounette, Saskia, Saturne, Scarole, Scraptoilemariec, Sdring, Sensa, Sev, Séverine, Séverine B, Séverine BR, Séverine C, Séverine J, Séverine M, Séverine V, Shamav, Siropdecitrouille, Sissi94, Soizic, Solange, Solène, Solenn, Sonia, Sophie, Sophie D, SophieLaFéeFéérique, Sophie R, Sophie SD, Sonia, SpirouBobines, Stacy, Steffi, Stella Bouquine, Stella74, Stellou, Stéphane, Stéphane T, Stéphanie, Stéphanie D, Stéphanie DC, Stéphanie E, Stéphanie M, Stéphanie T, Steve, Suzanne, Suzanne P, Sy89, Sylvaine, Sylvia, Sylvianne, Sylvie, Sylvie B, Sylvie C, Sylvie D, Sylvie G, Sylvie L, Sylvie R, Sylvie S, Tagada Sweet, Talabo59, Tale Tjugen, TambourDuChas, Tal, Tantine, Tatie Nanie, Tatyana, Thérèse, Tibouh Carp, Titine, Tomoko, Toubabou, Tricrochette, Val, Val Boupi, Valentine, Val Eric, Valérie, Valérie B, Valérie F, Valérie N, Valérie T, Val

Knévett, Valie, Valroselou, Vanessa, Véronique, Véronique DG, Véronique F, Véronique L, Véronique P, Véronique V, Verov94, Violaine, Violette, Virginie, Virginie B, Virginie C, Virginie DS, Virginie K, Virginie R, Viviane B, Viviane D, Vivine, Vulcaine, Winie166, Xavier, Yves, Yasmina, Yolande, Yvette, Yvette M, Yvonne, Zab Créative, Zazounette, Zenzazy, Zicane, Zoé.

Bons voyages & bons cadeaux !
Longue vie à notre aventure commune.
Nelly

Oh, j'ai un message de Matt :
« Hi Mum, skype demain ? »
[Salut Maman, on se parle sur Skype demain ?]

Et aussi un message de François :
« Tu me manques ❤ »

— Tu lui manques déjà ! Il est mordu lui aussi. Tu ne lui réponds pas ?

Je rougis et les battements de mon cœur s'accélèrent. Décidément, ça devient une habitude. Mais je ne cesse de penser à lui et j'avoue qu'il me manque également.

— Si, enfin, non, pas tout de suite. Je ne suis pas habituée à ce qu'un homme soit aussi…

— Amoureux ?

— Oui, tout à fait, c'est très bizarre, j'ai l'impression que c'est faux, tu vois ? Qu'il exagère.

— Il ne te manque pas ?

— Si, beaucoup. Mais c'est trop rapide, je ne sais pas comment réagir.

— Fais ce que ton cœur te dicte, ce sera très bien et profite de ton bonheur !

6 Novembre, Skype : Yvette, Matt & Kaylee

— Salut M'mam !
— Bonjour mon grand, enfin, bonsoir pardon.
— Oui il fait déjà nuit ici. Comment ça va ?

C'est toujours une grande joie de me connecter avec mon fils. Qu'il est beau ! C'est vraiment pratique cette technique pour le voir, même à l'autre bout de la terre.

— Très bien. Tu t'es fait couper les cheveux ? Ça te va bien ! Quelle chance tu as d'être en short au mois de novembre !
— Normal, c'est le printemps. D'abord, je te remercie pour le livre, je l'ai reçu hier.
— Ah c'est cool, il a fait vite pour traverser la planète, ça te permettra de lire un peu en français.
— Oui super, je crois qu'il va me plaire. Et sinon avec Kaylee, nous avons une super nouvelle à t'annoncer.
— Ah oui ? C'est vrai ? Ça y est ? Vous allez avoir un bébé ?
— Yes ! Kaylee a eu ses résultats hier.

Derrière Matt, ma belle-fille fait son apparition en se penchant sur l'épaule du futur papa.

— *Hi Yvette !*
[Bonjour Yvette]
— Hello Kaylee, congratulations !
[Bonjour Kaylee, félicitations !]
— *Thank you !*
[Merci !]
— Eh oui, M'man, tu vas devenir « Mamie Yvette ». Et toi ? Quoi de neuf ?
— Alors, je ne sais pas trop par où commencer...
— En tous cas, tu as l'air bien gai !
— *Your Mom is gay? What do you mean?*
[Ta maman est gay ? Que veux-tu dire ?]
— No, I said she looks happy.
[Non, j'ai dit qu'elle a l'air heureuse.]
— *Oh, Okay.*

Je souris, amusée par la réaction de Kaylee. Maintenant, je dois raconter à Matt ce qu'il se passe à la maison en ce moment.

— J'ai l'air gai, car je suis contente de te voir, ainsi que ta chérie, et aussi d'apprendre cette excellente nouvelle. Mais ici, c'est assez mouvementé.
— C'est Papa ? Comment va-t-il ? Un problème ?
— En fait, nous nous sommes séparés, enfin, il est parti.

— Parti ? Mais où ? Avec une femme plus jeune ? Ce n'est pas son genre, pourtant ?

— Il s'est installé chez Gérard.

— Chez Gérard ? Il est gay ?

— *Your dad is gay too?*

[Ton père est gay aussi ?]

Je fais non de la tête et me lance enfin dans les explications.

— C'est ce que m'a dit aussi Jeanine, mais en réalité, c'est simplement qu'il préfère vivre avec Gérard plutôt qu'avec moi. Qu'il soit devenu homosexuel ou pas, cela ne nous regarde pas, c'est sa vie intime. Mais, en tous cas, il ne vit plus ici, il a même emporté son grand écran, tu vois ?

— *Your parents are both gay?*

[Tes parents sont gays tous les deux ?]

— No, but I'll tell you the details just after the skype call, Kaylee.

[Non, mais je te raconterai tous les détails après notre conversation skype, Kaylee.]

Kaylee essaie de comprendre notre conversation, mais cela tourne au quiproquo. Je garde mon sérieux. Matt continue, soucieux.

— Mais toi ? Que vas-tu faire ? Vous allez divorcer ? Vous êtes fâchés ?

— Non, pas fâchés, nous nous sommes expliqués calmement pendant tout un après-midi. Michel s'ennuyait avec moi et je n'étais pas très satisfaite non plus. Alors, nous avons décidé de divorcer à l'amiable, très simplement, sans nous disputer. Il n'a presque pas crié.

— *Crikey* ! *[Mince !]* Quelle nouvelle en effet ! Je suis sous le choc. Mais si Papa et toi, vous êtes plus heureux ainsi, alors, tant mieux.

— Oui voilà, c'est un gros changement, mais c'est mieux pour tous les deux. En plus, j'ai retrouvé un vieil ami du lycée avec qui je m'entends super bien.

— Oh great ! *[Oh super !]* Comment s'appelle-t-il ? Tu m'as déjà parlé de lui ?

— Oui tu as déjà dû le voir sur mes photos de classe, mais tu ne dois pas t'en souvenir. Il s'appelle François, il est très sympa. Je vais peut-être partir en voyage avec lui.

Il me fait son sourire craquant, avec sa petite fossette que je connais bien et me demande :

— Vous venez nous voir à Sydney ?

— Ce n'est pas prévu, mais ce n'est pas impossible non plus, car François a déjà rendu visite à sa fille plusieurs fois au Canada, alors, il n'a pas peur de l'avion et « he speaks English very well » *[il parle très bien anglais]*. Le plus simple est d'en reparler quand le bébé sera né, qu'en penses-tu ?

— Top ! J'ai vraiment cru que tu ne viendrais jamais me voir ici. C'est une super nouvelle. Pour Papa, je vais laisser passer quelques semaines et je lui téléphonerai, d'accord ?

— Ça marche ! De toute façon, tu pourras toujours me joindre sur skype, où que j'aille.

— Oui, c'est pratique ! Prends bien soin de toi M'mam et tiens-moi au courant de tes nouvelles aventures. Kaylee me fait de grands yeux curieux, elle se demande ce qu'il se passe, je vais lui résumer « the situation ». Elle va être très contente de te rencontrer, c'est sûr !

— Justement, ce n'est pas sûr mais croisons les doigts pour que ça se fasse l'année prochaine. Je t'embrasse mon fils, bisous à Kaylee et à ton futur p'tit baby.

Message de François :

« Tout va bien ma Vivy, tu ne me réponds pas ? Un problème ? Appelle-moi quand tu veux, tu me manques ».

La nuit porte conseil… Depuis 2 h 12 du mat, je vois toutes les heures passer. C'est au livre du « rêve d'un fou » auquel je pense. Quel courage il a eu, ce facteur cheval, quelle ténacité, pierre après pierre, il est allé au bout de son projet, bravant toutes les difficultés, sans jamais abandonner. Pourquoi je n'en ferais pas autant ? Qu'est-ce qui m'en empêche en réalité ? La peur. J'ai peur du changement. J'ai peur de prendre des risques. J'ai toujours eu peur de tout. Pourtant, on dirait qu'à part être plus heureuse, je ne risque pas grand-chose… Au contraire, je risque fort d'avoir des regrets et de me morfondre pour le restant de mes jours…

Je réponds : « Pas de problème, François, je te téléphone demain, je pense beaucoup à toi <3 ».

7 Novembre

— Bonjour François.

— Quel bonheur d'entendre ta voix ! Tout va bien ?

— Oui très bien.

— Bien dormi ?

— Pas trop non.

— Moi, non plus, j'avais hâte d'avoir de tes nouvelles. Je n'ai pas cessé de penser à toi.

— Pareil pour moi ! Je ne t'ai pas téléphoné hier car j'avais besoin de réfléchir. Je me demandais si je méritais que tu t'occupes autant de moi, avec autant de gentillesse. Je pensais aussi à ce long voyage que tu me proposes, je ne me sens pas capable de partir à l'aventure, sans savoir à l'avance comment cela va se passer, si nous allons bien nous entendre. Je me sens comme prise au piège. Je me demandais aussi comment je ferais si je tombais malade ou si c'est toi, et aussi pour la maison, pour Michel et...

Pendant que je m'emporte dans une spirale négative, j'imagine François en train de sourire. Il me coupe gentiment dans mon élan :

— Yvette ?

— Oui ?

— Est-ce que je peux te poser trois questions ?

— Bien sûr, oui.

— La première, est-ce que tu as confiance en moi ?

Carrément ! Je lui fais confiance les yeux fermés.

— Oui.

— La seconde, es-tu heureuse ?

Sans hésitation ! Je ne me suis jamais sentie aussi heureuse et vivante.

— Auprès de toi, oui.

— Et enfin, ma Vivy, es-tu d'accord pour m'accompagner dans un tour de France, en camion tout confort ?

Je rêve de pouvoir partir, de découvrir de nouvelles régions, d'aller à la rencontre de mes amies et de pouvoir même aller voir Matt à l'autre bout du monde, mais, est-ce possible ?

— Euh oui, c'est-à-dire…

— C'est-à-dire que tu t'inquiètes, je peux comprendre, et je te promets que ce n'est pas nécessaire. Tu vas voir, ce sera très simple. De mon côté, je finis de préparer le camion, et il faudrait que tu me précises ce dont tu as besoin, car je peux encore faire des modifications de l'aménagement intérieur. J'aimerais vraiment que tu t'y sentes bien et que tu donnes ton avis pour la déco.

— D'accord.

— Pendant ce temps, tu vas pouvoir te consacrer à ta procédure de divorce.

— OK.

— Si l'un de nous deux tombe malade, il suffira d'appeler un docteur et d'aller à la pharmacie. Tu sais que nous ne partons pas dans le désert ? Ni sur Mars ?

— Oui, je sais bien, tu te moques de moi ?

Il rit de bon cœur, me rendant encore plus nerveuse que je ne le suis déjà.

— Pas du tout, je te taquine. Nous pourrons installer ton ordinateur, tu auras du réseau en haut débit, tu pourras surfer sur le net, skyper avec Matt, rendre visite à tes amies, photographier ton sac-à-cadeaux sur tous les panneaux d'agglomération de France si tu veux, aller à la poste, faire des cadeaux, téléphoner pendant des heures à Jeanine et à qui tu veux, acheter des bouquins, et faire tout ce que tu as envie de faire. Si ça te tente, tu pourras aussi piloter la Ligier, puisqu'il n'y a pas besoin du permis. Et surtout, si un jour tu me dis que ce voyage ne te plait pas ou que tu n'es pas bien avec moi, eh bien, je te ramène et je t'aide à te réinstaller - si tu le souhaites. Le plus important, c'est ton bonheur. Est-ce que ce programme te convient ma chérie ?

— Tu es vraiment incroyable François, tu es merveilleux. Tu fais tout ça pour moi ?

— Oui, Je t'adore, ma Vivy. J'ai envie de consacrer le restant de mes jours à te rendre heureuse.

— Moi aussi, je t'aime tellement François, j'ai hâte d'être à nouveau dans tes bras.

— Si tu veux que je vienne te chercher, tu n'as qu'un mot à dire, je suis là dans une heure.

C'est peut-être le début d'une aventure. Le début de *mon* aventure. Je vais, tout comme les sacs-à-cadeaux, moi aussi faire des kilomètres. Ce sera, pourquoi pas, l'occasion de créer un blog et d'y montrer de belles photos, de raconter mes trouvailles, mes rencontres, mes bonheurs de chaque jour.

— D'accord, je t'attends, et comme j'ai un cadeau pour toi, ce sera l'occasion pour mon sac-à-cadeaux d'aller faire un tour à la mer !

— Un cadeau ? Il ne fallait pas, ça me touche beaucoup, mais…

— Mais ?

— Mais, Yvette, quoiqu'il arrive, avec ou sans sac, le plus beau cadeau de toute ma vie, c'est TOI !

Vous avez un email...

Chère lectrice, cher lecteur,

Je vous remercie très sincèrement pour l'accueil chaleureux et enthousiaste que vous avez réservé au premier épisode de cette aventure, le N°144 Lucia. Avec l'idée toute simple d'aider Yvette à avoir une vie meilleure, j'ai eu envie d'écrire une suite pour rendre hommage à toutes les personnes qui ont participé, d'une façon ou d'une autre, à l'expérience du voyage du sac-à-cadeaux. J'espère que vous avez passé un agréable moment en compagnie de mes personnages et qu'ils vous ont fait rire car c'est bon pour la santé !

Merci Rosalie, Marie, Dominique, Sophie, Emilie, & Matt pour votre participation !
Votre aide fut précieuse.

Au cours de cette nouvelle, j'ai cité les (excellents) ouvrages suivants :

Ne vous noyez pas dans un verre d'eau
de Richard Carlson
Éditions J'ai Lu

Miracle Morning de Hal Elrod
Éditions Pocket

Quand bruissent les ailes des libellules
de Rosalie Lowie
Editions Nouveaux Auteurs

Un été 48 de Emmanuel Prost
Éditions De Borée

Le chaînon manquant de Frank Leduc
Éditions Nouveaux Auteurs

Quelques mots à vous dire de Emilie Riger, Rosalie
Lowie, Dominique Van Cotthem et Frank Leduc
Éditions BoD

Nérina de Amandine Molo
Éditions Nouveaux Auteurs

Le rêve d'un fou de Nadine Monfils
Fleuve Éditions

Secrets de Miel de Fannie Vandermeersch

Éditions Déliées

Levons l'encre du collectif Les Lectipotes

Éditions BoD

J'ai adoré tous ces livres et j'espère vous avoir donné envie de les lire à votre tour, et de les offrir aussi.

Voici l'adresse du blog :
http://le-voyage-du-sac-a-cadeaux.com.over-blog.com/

Afin de faciliter votre recherche sur le blog, j'ai ajouté à la fin de ce livre, la liste de tous les sacs-à-cadeaux ayant déjà pris leur envol.

Bonne route,
Portez-vous bien,
Avec joie
Nelly

Liste des sacs-à-cadeaux

N°1 *Le sac à cadeaux*

N°2 *The trip of gifts*

N°3 *Le voyage du sac*

N°4 *La chaîne des cadeaux*

N°5 *A qui le tour ?*

N°6 *Un cadeau!*

N°7 *The surprise gathering journey*

N°8 *Le pochon voyage*

N°9 *Cadeaux en balade*

N°10 *A surprise*

N°11 *La balade du sac à cadeaux*

N°12 *Plaisir d'offrir*

N°13 *Le tour du monde du cadeau*

N°14 *Un cadeau pour toi !*

N°15 *C'est pour moi ?*

N°16 *Merci c'est gentil*

N°17 *Un cadeau pour tous*

N°18 *C comme cadeau*

N°19 *Jm etwas schenken*

N°20 A gift

N°21 De cadeau en cadeau

N°22 Chacun son cadeau

N°23 Encore un cadeau !

N°24 Das Geschenk

N°25 Ché Pour Ti

N°26 Le sac fleuri

N°27 Les cadeaux s'enchainent

N°28 Für dich

N°29 Voici un cadeau

N°30 Le sac à cadeaux N°30

N°31 Franco de port

N°32 Livraison express

N°33 Expédition de cadeaux

N°34 Hono kimochi desu

N°35 Je te donne

N°36 Qu'est-ce que c'est ?

N°37 Donner

N°38 Offrir

N°39 Combien de voyages ?

N°40 N°40

N°41 Подарок

N°42 Joli cadeau

N°43 Le sac chat

N°44 Le sac pluie

N°45 Le sac parapluie

N°46 J'offre

N°47 Tu offres

N°48 Il offre

N°49 Le sac free style

N°50 Numéro 50

N°51 Le sac Pierrot

N°52 Donner pour donner

N°53 El regalo

N°54 C'est quoi ?

N°55 C'est le cadeau

N°56 EEN KADO

N°57 FOR YOU

N°58 Dank u wel

N°59 Où iras-tu ?

N°60 Tu iras loin

N°61 Cadeau rien que pour toi

N°62 Nous offrons

N°63 Vous offrez

N°64 Ils offrent

N°65 Le sac étoiles

N°66 Mon sac voyage

N°67 Cadeaux en chaîne

N°68 Recevoir et offrir

N°69 Le cadeau suivi

N°70 J'offrirai

N°71 Tu offriras

N°72 Il offrira

N°73 Un cadeau pour un sourire

N°74 Au suivant !

N°75 Lien d'amitié

N°76 Un cadeau du ciel

N°96 Le sac Août

N°97 Pour des futurs artistes

N°98 Le sac Septembre

N°99 99 Luftballons

N°100 100 frontières

N°101 Le dalmatien

N°102 Le Sac Octobre

N°103 Le Sac Novembre

N°104 Davam

N°105 Vachement cadeau

N°106 Le sac de Marquise La Vache

N°107 Pour ta pomme

N°108 Pour ton anniversaire

N°109 Voyage autour de la laine

N°110 Petit bonheur du jour

N°111 Le sac à bidouilles

N°112 Kizuna

N°113 Gåva

N°114 Cadeau d'un ange

N°115 De ville en ville

N°116 Génération cadeau

N°117 Et si Noël durait toute l'année

N°118 Vielen Dank

N°119 Un cadeau, et c'est reparti !

N°120 Le sac décembre

N°121 Marathon couture

N°122 Tomodachi no wa

N°123 Pour Nelly

N°124 Bienvenue chez toi

N°125 Sac N°125

N°126 Le sac Australie

N°127 Le sac Sénégal

N°128 Le sac Tahiti

N°129 Le sac Vanuatu

N°130 Le sac Madagascar

N°131 Le sac Janvier

N°132 Le sac Février

N°133 Invitation au voyage

N°134 Cadeaux dans le vent

N°135 Le sac Mars

N°136 Le sac Avril

N°137 Le sac Mai

N°138 Le sac Juin

N°139 Le sac à cadeaux de Marraine

N°140 Qui veut un cadeau ?

N°141 Was ist das ?

N°142 C'est juste un cadeau

N°143 Le sac Japon

N°144 Lucia

N°145 La route de la soie 2013

N°146 Des dizaines de kilomètres

N°147 Des centaines de kilomètres

N°148 Des milliers de kilomètres

N°149 De tout cœur

N°150 150

N°151 Sac spécial cadeau

N°152 Le sac Afrique

N°153 Je voyage

N°154 Tu voyages

N°155 Il voyage

N°156 Le sac Guadeloupe

N°157 Le voyage des miss

N°158 Le voyage du Mohican

N°159 Le sac Indonésie

N°160 Le sac de Tricrochette

N°161 Le sac d'une bidouille par ci, une bidouille par là

N°162 Le sac de Nel

N°163 Le sac de Clauderose

N°164 Le sac de la fée tonnante

N°165 Le sac de Ghislaine

N°166 Le sac de Scarole

N°167 Le sac de Br

N°168 Le sac à Bricoles

N°169 Le sac de Jac

N°170 Le sac de Joëlle

N°171 Le sac à malices d'Alice

N°172 En route !

N°173 Prochain voyage ?

N°174 Le sac d'une autre

N°175 Le sac de Marie XX 64

N°176 Le Lesignois voyage

N°177 Le sac de Leelou

N°178 Le sac du livre qui fait peur

N°179 Destination ailleurs

N°180 Le sac Amitié

N°181 Le sac Amour

N°182 Le sac Bonheur

N°183 Le sac confiance

N°184 Le sac Générosité

N°185 Le sac Gentillesse

N°186 Le sac Humour

N°187 Le sac joie

N°188 Le sac Liberté

N°189 Le sac Solidarité

N°190 Le sac Tendresse

N°191 Le sac de Madeleine

N°192 Le sac de Perle

N°193 La rentrée des cadeaux

N°194 Mamieblue's bag

N°195 Le sac de Nadette

N°196 5 - 1 = 4

N°197 Le sac de la créativité

N°198 Le sac de Fanfan

N°199 Le sac trait d'union

N°200 Le voyage du sac à cadeaux

N°201 Fleurs du Maroc

N°202 Le sac passion

N°203 Le sac persévérance

N°204 Le sac de ma zen attitude

N°205 Lire et faire lire

N°206 Le sac Capricorne

N°207 Le sac Verseau

N°208 Le sac Poissons

N°209 Le sac Bélier

N°210 Le sac Taureau

N°211 Le sac Gémeaux

N°212 Le sac Cancer

N°213 Le sac Lion

N°214 Le sac Vierge

N°215 Le sac Balance

N°216 Le sac Scorpions

N°217 Le sac Sagittaire

N°218 Le sac La Réunion

N°219 Le sac PCEA 2014

N°220 Le sac du Père Noël

N°221 Le sac de Florinours

N°222 Le sac du girlpower et son Papatissier

N°223 Le sac Je transforme

N°224 Le traveller sac

N°225 Le sac de Disou

N°226 Le sac brodé

N°227 Le voyage du roman-à-cadeaux

N°228 Le sac des pirates

N°229 Le sac Sandrillon

N°230 Le sac de Gege

N°231 Le sac des faiseurs

N°232 Le sac de Rachel Passions

N°233 Moi aussi je veux être un sac-à-cadeaux

N°234 L'affaire est dans le sac

N°235 Le sac Signatures

N°236 Whaouh un cadeau !

N°237 Le sac Port-Vila

N°238 Le sac Portugal

N°239 Belga sac

N°240 La ronde des cadeaux

N°241 Le Chac

N°242 Demain j'arrête !

N°243 Badaboum dans ma boîte-aux-lettres

N°244 Le sac Patchwork

N°245 Le sac d'Amélie

N°246 Le sac d'Andrew

N°247 Le sac d'Odette

N°248 Le sac Melvin

N°249 Tu es trognon

N°250 Le sac N°250

N°251 Le sac Ecrire

N°252 Bon voyage !

N°253 Je veux voyager

N°254 Le sac des colibris

N°255 Le sac Pruneau

N°256 J'aime qu'on m'aime

N°257 Le sac du Bounty

N°258 Le sac London

N°259 Le sac Underground

N°260 Le sac de Nadine

N°261 Le sac qui goes to Hollywood

N°262 La hotte du Père Noël

N°263 Le sac Fruits rouges

N°264 Le sac Oranges

N°265 Le deuxième sac de Sophie

N°266 Le sac Gourmand

N°267 *Je suis un sac mais un sac à cadeaux*

N°268 *Pommes Poires et scoubidous*

N°269 *Cours toujOURS*

N°270 *Demain j'arrête pas !*

N°271 *Le sac de Marie*

N°272 *Le sac JCVD*

N°273 *Le sac de Gilles*

N°274 *Le sac Bleu Blanc Zèbre*

N°275 *Mafalda le sac*

N°276 *Chouette le sac !*

N°277 *Automne*

N°278 *Hiver*

N°279 *Le sac Printemps*

N°280 *Eté*

N°281 *Le sac de la couture*

N°282 *Trans-Manche*

N°283 *Le sac des îles*

N°284 *Le sac de la cigogne*

N°285 *Viva Italia*

N°286 Le Ribambelle

N°287 Le sac bleu

N°288 Le sac fushia

N°289 Le sac gris

N°290 Le sac jaune

N°291 Le sac marron

N°292 Le sac orange

N°293 Le sac rose

N°294 Le sac rouge

N°295 Le sac turquoise

N°296 Le sac vert

N°297 Le sac violet de Zepoline

N°298 Le nouveau sac de Mimie

N°299 Par avion

N°300 Le sac aux 300 idées

N°301 En route pour le Sri Lanka

N°302 Quelqu'un pour qui voyager

N°303 Et soudain, un cadeau !

N°304 Le sac du 06h27

N°305 Le sac des abonnés

N°306 Restachous

N°307 Le sac des paresseuses

N°308 Le sac des sportives

N°309 Le sac Suisse

N°310 Le sac Ric Rac

N°311 Et puis Barbara

N°312 Le sac de Clémentine

N°313 Le sac de Camille

N°314 Le sac breton

N°315 Le sac super héros

N°316 Le sac de la Rue du Départ

N°317 Le sac de La Sourle

N°318 Le chat qui voyage

N°319 Le sac de Cellendhyll

N°320 Le sac de l'archimage

N°321 Le sac de la poupée Lara

N°322 Le sac de la poupée Lilou

N°323 Le sac de la poupée Martine

N°324 Le sac de la poupée Michelle

N°325 Le sac de la poupée Lolo

N°326 Le sac de la poupée Marilou

N°327 Le sac de la poupée Sandra

N°328 Le sac de la poupée Léna

N°329 Coup de sac

N°330 Le sac de la poupée Danièle

N°331 Le sac de la poupée Capucine

N°332 Le sac de Tom

N°333 Le sac du visiteur

N°334 Le sac de la poupée Cloé

N°335 Le sac de Sophie

N°336 Le sac de Thomas

N°337 Le sac angélique

N°338 Le sac des 4 saisons

N°339 Le sac J'ai du cœur

N°340 Le sac de Gascogne

N°341 Le sac de la poupée Florine

N°342 Le sac de la poupée Milo

N°362 Le sac de la poupée Sidonie

N°363 Le sac de la poupée Adélie

N°364 Le sac de la poupée Aglaé

N°365 Jours par an

N°366 Le sac de la poupée Annie

N°367 Le sac de la poupée Mimi

N°368 Le sac de la poupée Océane

N°369 Le sac de la poupée Marisette Kheira

N°370 Pour vous

N°371 Le sac de la poupée Myriam

N°372 Le sac de la poupée Gia

N°373 Le sac de la poupée Méline

N°374 Le sac de la poupée Mia

N°375 Le sac du docteur

N°376 Le sac de Chômette

N°377 Une bouteille à la mer

N°378 Complètement cadeau

N°379 Le sac de Mimie

N°380 Ressacs dans le sac

N°381 *Voyage dans le temps*

N°382 *Le pas dans le sac*

N°383 *Le sac des globes*

N°384 *Le sac de Bee*

N°385 *Le premier miracle*

N°386 *Le sac du salon du livre*

N°387 *Le sac qui va rallumer les étoiles*

N°388 *Trotabag by Trotacamping*

N°389 *Le sac d'un merci de trop*

N°390 *Le sac du Burkina Faso*

N°391 *Entre deux rives*

N°392 *Le sac de Juliette*

N°393 *Il était une fois le sac*

N°394 *Le sac de Célibette*

N°395 *Le sac romantique*

N°396 *Ecrivains Sen[s] Volent*

N°397 *David'sac*

N°398 *Zen autour du monde*

N°399 *Dans tous les sens*

N°400 Le sac de Noémie

N°401 Le sac de l'Ain

N°402 Le sac de l'Aisne

N°403

N°404

N°405 Le sac des Hautes-Alpes

N°406

N°407

N°408

N°409 Le sac de l'Ariège

N°410

N°411

N°412

N°413

N°414

N°415

N°416

N°417 Le sac de la Charente Maritime

N°418

N°419 Le sac de la Corrèze

N°420 Le sac de la Corse

N°421 Le sac de la Côte d'Or

N°422 Le sac des Côtes d'Armor

N°423

N°424

N°425 Le sac du Doubs

N°426 Le sac de la Drôme

N°427 Le sac de l'Eure

N°428

N°429

N°430 Le sac du Gard

N°431 Le sac de la Haute-Garonne

N°432 Le sac du Gers

N°433 Le sac de la Gironde

N°434

N°435

N°436 Le sac de l'Indre

N°437

N°438

N°439

N°440 Le sac des Landes

N°441 Le sac du Loir et Cher

N°442

N°443

N°444 Le sac de la Loire Atlantique

N°445 Le sac du Loiret

N°446

N°447

N°448

N°449 Le sac du Maine-et-Loire

N°450

N°451

N°452

N°453

N°454 Le sac de la Meurthe-et-Moselle

N°455

N°456

N°457 *Le sac de la Moselle*

N°458

N°459 *Le sac du Nord*

N°460

N°461

N°462 *Le sac du Pas-De-Calais*

N°463

N°464 *Le sac des Pyrénées Atlantiques*

N°465

N°466

N°467

N°468 *Le sac du Haut-Rhin*

N°469 *Le sac du Rhône*

N°470

N°471 *Le sac de la Saône et Loire*

N°472

N°473 *Le sac de la Savoie*

N°474

N°475 *Le sac de Paris*

N°476

N°477 Le sac de la Seine-et-Marne

N°478

N°479

N°480

N°481

N°482

N°483

N°484 Le sac du Vaucluse

N°485 Le sac de la Vendée

N°486 Le sac de la Vienne

N°487

N°488 Le sac des Vosges

N°489 Le sac de l'Yonne

N°490 Le sac du Territoire de Belfort

N°491

N°492 Le sac des Hauts de Seine

N°493

N°494

N°495 Le sac du Val de l'Oise

N°496

N°497

N°498

N°499

N°500 Le sac de Michel

N°501 Le sac des minipotes

N°502 Le sac du prince et du sage

N°503 Le sac d'Yvette

N°504 Pour un instant de lecture

N°505 Souvenir de Perle

N°506 Le sac d'Eve

N°507 Le sac de Claude

N°508 Le sac d'Elisabeth

N°509 Le sac de Lola

N°510 Le sac de Pepsy

N°511 Le sac de Priscilla

N°512 Le sac de Flore

N°513 Le sac des Lectipotes

N°514 Cadeaux en cascade

N°515

N°516

N°517

N°518

N°519

N°520

N°521

N°522

N°523

N°524

N°525

N°526

N°527

N°528

N°529

N°530

N°531

N°532

N°533

N°534

N°535

N°536

N°537

N°538

N°539

N°540

N°541

N°542

N°543

N°544

N°545

N°546

N°547

N°548

N°549

N°550

Notes

Références des sacs-à-cadeaux reçus, envoyés, cousus, ou en attente de réception :

N°_____   Date : _____

Nom du sac : _____

Commentaires :

_____

_____

N°_____   Date : _____

Nom du sac : _____

Commentaires :

_____

_____

N°_____   Date : _____

Nom du sac : _____

Commentaires :

_____

_____

N°_____   Date : _____

Nom du sac : _____

Commentaires :

_____

_____

N°_____   Date : _____

Nom du sac : _____

Commentaires :

_____

_____

N°_____   Date : _____

Nom du sac : _____

Commentaires :

_____

_____

N°_____   Date : _____

Nom du sac : _____

Commentaires :

_____

_____

N°_____   Date : _____

Nom du sac : _____

Commentaires :

_____

_____

N°_____   Date : _____

Nom du sac : _____

Commentaires :

_____

_____

N°_____   Date : _____

Nom du sac : _____

Commentaires :

_____

_____

N°_____   Date : _____

Nom du sac : _____

Commentaires :

_____

_____

N°_____   Date : _____

Nom du sac : _____

Commentaires :

_____

_____